JN067679

カンサプ株式会社は、北陸３県に
「らーめん岩本屋」
「つけ麺是・空」を
32店舗展開するラーメンチェーンです。

私たちがご提供するのはラーメン

そして――

感動
笑顔
安心
喜び
感謝
活気
旨い
楽しみ

です！
岩本屋

10
お気軽にお
10-8
130209
金沢田上店
2月中旬
OPEN

なぜなら、私たちは

感動を届けるサプライズ集団

であり、

私たちには感動サプライズを提供する

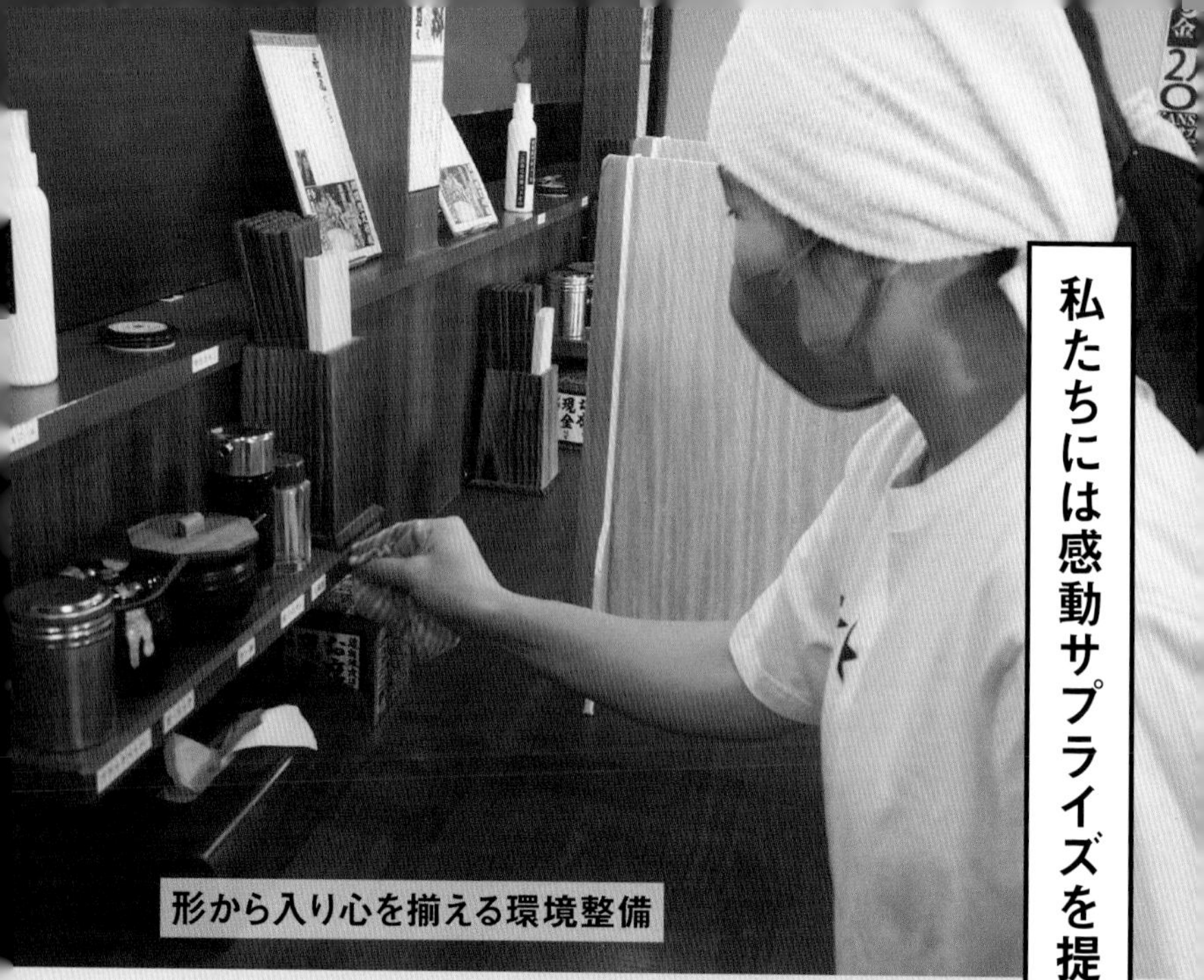

形から入り心を揃える環境整備

感動サプライズを提供するルールブック

仕組みがあるからです！

おもてなしの質を上げる「匠」制度

WEBアンケート
お客様の声をお聞かせ下さい
所要時間約3分で終了
抽選でらーめん券当たる！

お客様からの声をいただく仕組み

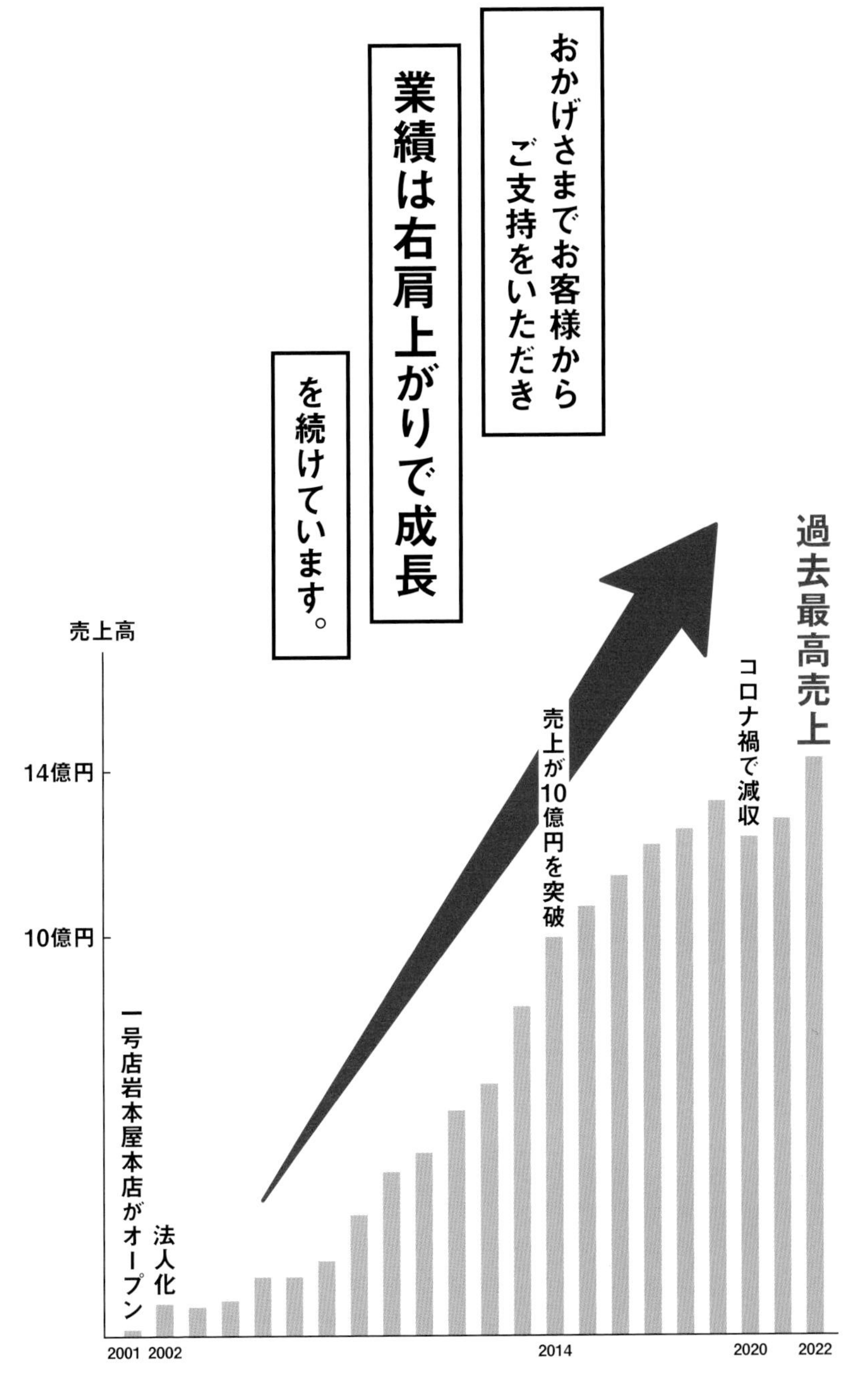
おかげさまでお客様から
ご支持をいただき
業績は右肩上がりで成長
を続けています。
売上高
14億円
10億円
一号店岩本屋本店がオープン
法人化
売上が10億円を突破
コロナ禍で減収
過去最高売上
2001
2002
2014
2020
2022

私たちが追求するのは
お客様満足だけではありません。

従業員満足

も追求します。

今の上司の下で
これからも働きたいか

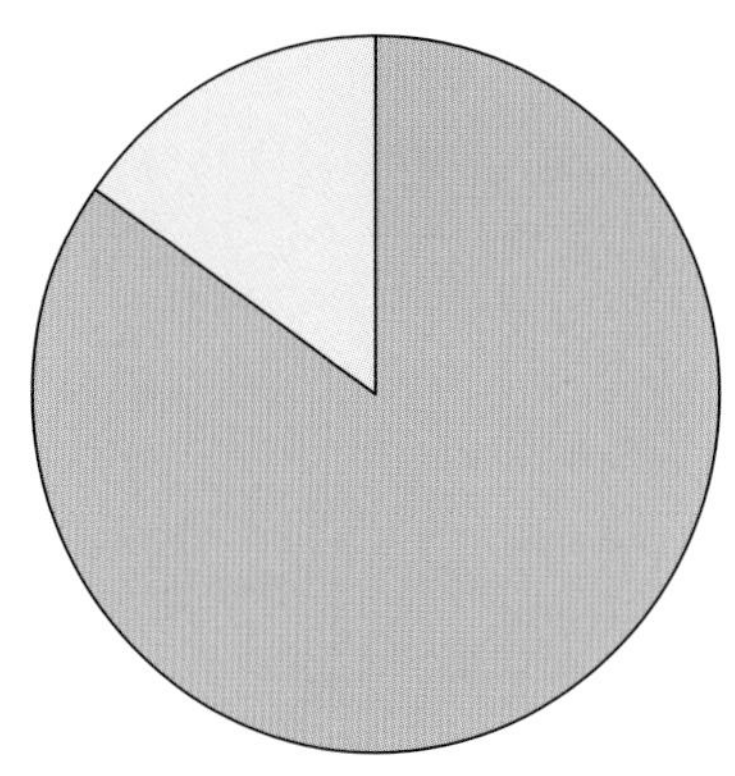

6段階評価で全社平均
5.1

人間関係は良いか

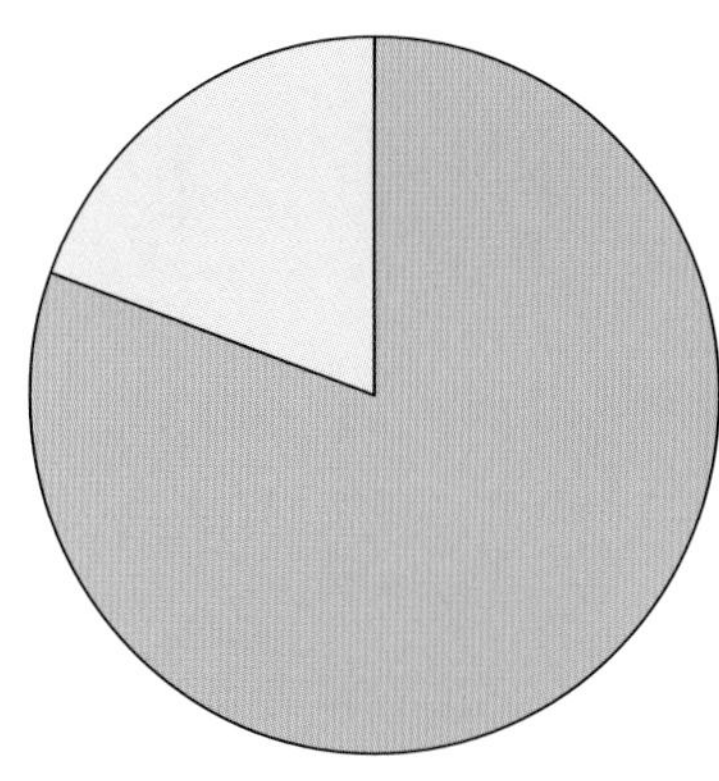

6段階評価で全社平均
4.85

3～6カ月に1度実施する従業員アンケートの最新結果より

コミュニケーションを良くするさまざまな仕組み

お客様、お取引先様、加盟店様、従業員、
みんなに愛される会社をつくることが
私たちの理念だからです。
会社が料金全額負担の海外旅行など充実した福利厚生

愛される会社の仕組み、すべて公開します。

愛される会社のすごい仕組み

お客様
取引先
加盟店
従業員

カンサプ株式会社代表取締役
岩本修一

あさ出版

はじめに　地域に愛されるラーメンチェーン

ラーメンの食べ方に決まりはありません。ただ、時間を置くとスープが薄くなって麺も伸びるので、熱いうちに食べていただきたいというのが、多くのラーメン職人の本音でしょう。

では、赤ちゃん連れのお客様にラーメンをお出ししたとき、赤ちゃんがグズってお母さんがあやさなくてはいけなくなったら、従業員はどうすべきでしょうか。

ラーメンチェーン「らーめん　岩本屋」の福井本店でパートをしている岸田町子さんは、こうしました。

「お客様が抱っこしながら食べようとしていたので、『お食事のあいだ、よろしければお子さんを抱っこしますよ』とお声がけしました。お客様は喜んでくださり、私もかわいい赤ちゃんを抱っこできてうれしかったです！」

この対応が唯一の正解だというつもりはありません。おそらくわが子を人に任せることを嫌がるお客様もいるでしょうし、赤ちゃんが泣きやむのを待って熱々のラーメンをつくり直してもいい。大切なのは、お客様に心から喜んでいただくこと。そのために取った対応ならば、すべてが正解です。

こんなこともありました。幼稚園くらいの男の子を連れたお父さんがご来店しました。ご注文はラーメン一杯だったので、お子様に取り分けるお椀を一つつけてお出ししました。お客様から声がかかる前に気を利かせて先にご用意するのが私たちの流儀です。

さて、お子さんはまだ熱いものが苦手なのでしょう。お父さんはお子さんのために息をフーフーかけて冷まそうとしていました。その様子に気づいた岩本屋富山新庄店の大前美里さんは、お客様にこう話しかけました。

「ぬるめの割スープをお持ちして、お子さんのほうに足しましょうか。少し薄くなりますが、温度はちょうどよくなりますよ」

ラーメン店は、おいしいラーメンを提供することが仕事です。岩本屋ももちろん、味には自信があります。

しかし、おいしさはお客様に喜んでいただく手段の一つであって、目的ではありません。スープがぬるくて少し薄くなったとしても、お父さんが「ありがとう。助かったよ」、そしてお子さんが「おいしかった！」と言ってくださるなら、それに勝るラーメンはありません。実際、お父さんと息子さんは笑顔でお店をあとにされました。

福井県はラーメン不毛の地!?

カンサプ株式会社は、北陸でラーメン業態の**「らーめん　岩本屋」**と、つけ麺業態の**「つけ麺　是(ぜ)・空(くう)」**を展開しています。創業は１９９９年です。小さな屋台（キッチンカー）１台からのスタートでしたが、２０２３年1月現在は両業態合わせて福井県13店舗、石川県10店舗、富山県9店舗の計**32店舗**まで拡大しました。ラーメンチェーンとしては北陸で一番手の規模になります。

実は創業の地、福井県はラーメン不毛の地と言われていました。越前そばに象徴されるようにそば文化の地域であり、麺類といえばそばでした。

ラーメンが存在しなかったわけではありません。私が幼いころ、ラーメンといえば某チェーンの野菜ラーメンがその代表でした。1960年代に創業したこのお店はお隣の石川県が本拠地で、福井県にも進出。私は現在50代ですが、少し下の世代も含めて福井県人に馴染みのあるラーメンの味を聞くと、その競合の五目系の味を思い浮かべるはずです。

その後、ラーメンブームに乗って、全国展開しているラーメンチェーンがたびたび福井県に進出してきました。

しかし、経営的に成功したチェーンはほとんどなく、某有名チェーンもそば文化の壁に敗れて撤退していきました。

麺類と言えばおそばで、ラーメンを食べる機会があるとしても、味は五目ラーメンのほぼ一択――。

そのような地域に、**背脂入りの豚骨醤油味**を持ち込んで定着させたのが岩本屋です。

詳しくは第1章でご紹介しますが、1990年代、業界では背脂入り豚骨醤油ラーメンが流行っていました。たまたま東京でそれを食べた私は「こんなにおいしいラーメンがあったのか」と衝撃を受け、東京で修業したのちに福井市で岩本屋を創業しました。

開店してみると、福井県人は背脂入りの豚骨醤油味を歓迎してくれました。それまでおそばや五目ラーメンしか食べなかったのは、単に他のおいしいラーメンを知らなかっただけ。本当はラーメン不毛の地ではなかったのです。

その後、岩本屋は競合の本拠地である石川県や、もともとラーメン文化が根づいている富山県にも出店していきます。どちらも福井県と比べれば激戦区です。そこで受け入れられた事実は、岩本屋のラーメンの完成度の高さを物語っていると思います。

カンサプが福井県に持ち込んだものがもう一つあります。

つけ麺です。

全国でつけ麺が本格的なブームになったのは2000年代です。

岩本屋の「背脂入豚骨醤油味 らーめん」

しかし、私が知るかぎり、そのころ福井につけ麺専門の業態はありませんでした。そこで２０１０年に「是・空」の一号店を福井市にオープン。最初はお客様に食べ方をご説明しなければいけないほど認知度がありませんでしたが、地道に営業を続けて、つけ麺ファンを少しずつ開拓していきました。

実は今も是・空の新店出店は、ラーメン業態の岩本屋に比べて立ち上がりに時間がかかります。そのことからもまだ浸透しきっていないことがわかりますが、新店も１〜２年経つとラーメン業態と変わらない売上をあげ始めます。福井エリアでも、つけ麺は着実に定着しつつあります。

最近は福井県でもさまざまな味のラーメンを楽しめるようになってきました。個人店の開店も相次いで、東京で流行っているラーメンが昔ほどタイムラグなく味わえます。不毛の地と言われていたのは、もはや昔の話です。

最初に道を切り開いたのは競合であり、そのことについては敬意を抱いています。ただ、背脂入り、豚骨醤油味、そしてつけ麺と、ラーメンの楽しみ方を広げて市場とし

是・空の「つけ麺」

福井で最初の「つけ麺」専門店！

て発展させ、文化として定着させたのは、岩本屋と是・空、そしてそのファンのみなさんだと自負しています。

「先義後利」の思いでおもてなし

福井県のラーメン市場形成とともにカンサプの業績も伸びていきました。

直近22期（2022年1月～2022年12月）の**売上高は14億 100万円で過去最高を更新**しました。新型コロナウイルスの感染拡大でフルに営業できなかったため、20期（2020年1月～2020年12月）、21期（2021年1月～2021年12月）に売上が落ちましたが、それまでは創業5年目以降増収を続けていました。

看板メニューの「らーめん」は、1杯890円（税抜き810円。2022年12月現在）です。トッピングをつけるお客様が多いので、客単価はおよそ1000円。つけ麺業態の客単価もほとんど変わりません。

カンサプの売上推移

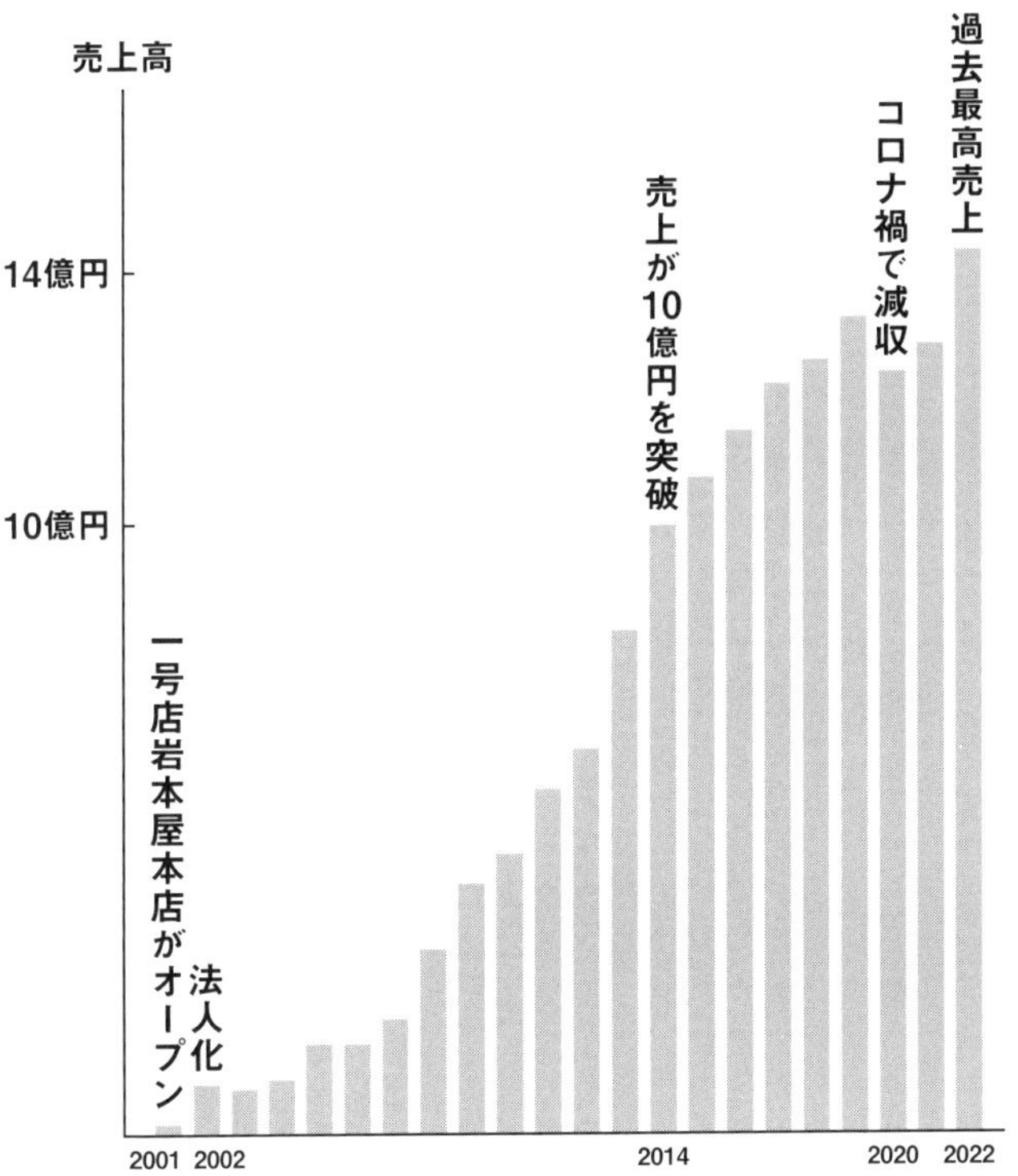

コロナ禍にもかかわらず
過去最高売上更新中！

客単価で売上を割ると年間来店者数になります。ざっくりいうと、コロナ禍前は年間13万人の方が来店されていた計算になります。

岩本屋と是・空がこれだけ多くのお客様に支持いただけるようになったのはなぜか。味は数ある要素の中の一つに過ぎません。岩本屋と是・空が人気ラーメンチェーンになった最大の理由は、信念や情熱など目に見えない思いの部分がお客様に響いたからではないでしょうか。

カンサプの経営理念は**「先義後利」**です。

先義後利は、中国の儒学の祖の一人、荀子（じゅんし）の考えをまとめた『荀子』第二巻第四栄辱篇（えいじょくへん）にある

「先義而後利者栄、先利而後義者辱」（義を先にして利を後にする者は栄え、利を先にして義を後にする者は辱（はずかし）められる）

から取った言葉です。

私は原典を直接知っていたわけではありませんでした。しかし、福井県商工会議所

のセミナーに出たとき、京都発祥の老舗百貨店、大丸が創業の精神として「先義後利」を伝承していることを教えていただき、「これだ！」と感動しました。

この言葉が私の胸に響いたのは、屋台時代のあるお客様を思い出したからです。その日はお客様が多く、ラーメンのスープが早々になくなりました。店仕舞いしようとしたそのとき、一人のお客様が来店されました。

「すいません、スープが一杯分ないんです。またご来店ください」

そう言ってお断りすると、「今日は楽しみにして来た。スープがある分だけでいいから、一杯つくってよ」とおっしゃる。そこまで言ってくださったお客様を追い返すわけにはいきません。結局、スープが少なめで調整した一杯を半額でお出ししました。ラーメンは100点満点ではなかったものの、お客様は「おいしかった。来てよかったよ」と言ってくださいました。私はホッと一息です。

しかし、それで一件落着とはいきませんでした。お客様は半額ではなく、当時の定価600円をテーブルに置いて帰ってしまったのです。

中途半端なラーメンに定価を払ってくださったお客様には感謝しています。

ただ、この出来事は私の中で小さな傷として残りました。お客様に完璧なものを出したわけではないのに、対価をもらっていいのだろうか。そのままお客様を帰してしまった自分は、商売人として失格なのではないだろうか——。

そうした後悔が何年も後を引き、もやもやしていたときに、セミナーで先義後利という言葉に出会い、「自分が言いたかったのはこういうことだった」とスッキリしたわけです。

それ以来、この言葉をカンサプの経営理念として位置づけて、経営がその理念からずれていないか、つねに自問自答するようになりました。さらに社員にも繰り返し伝え、現場で実践してもらっています。その結果、カンサプは多くのお客様に愛される飲食チェーンになったのだと考えています。

なぜ何度でもつくり直しに応じるのか

利益は後回しにして、とにかくお客様の喜ぶことに徹する――。

そんなことはきれいごとであり、言葉として掲げているだけではないかと疑う人もいるでしょう。

しかし、カンサプは本気で先義後利を実践しています。

いくつか例をあげましょう。


岩本屋と是・空では、お客様からご要望があれば何度でも味の調整をします。

スープが濃いので薄くしてほしい。

麺が柔らかいのでもう少し硬めがいい。

背脂をもっとたっぷりにしてほしい。

そういったご要望を受けたら、回数制限なしでつくり直すのです。

実は麺の硬さや味の濃さ、脂の量は、ご注文時に対面で自由に選んでいただけるようになっています。しかし、初めてご来店する方は標準の味をご存知ありません。常連のお客様も、体調やその日の天気によって「あれ、選び方を間違えたかな」と感じ

ることがあるでしょう。その場合は遠慮なく伝えてくださいと、各席に明記していま
す。

ラーメンの原価はおよそ3割です。つまり、つくり直しが3杯までならば赤字にならない計算です（固定費を考えると本当は赤字です）。

しかし、お客様が「違う」といえば、4回でも5回でもつくり直します。赤字になることを厭（いと）わずそうするのは、まずお客様に満足いただくことが大切で、対価の話はその後でいいという先義後利の考え方が根底にあるからです。

実はお客様もさまざまで、なかには岩本屋のラーメンを食べるために遠くからわざわざ高速道路に乗ってやって来る方もいます。ガソリン代や高速代を考えたら、一杯食べるのに1万円使っていただいているケースもあります。いくらおいしいラーメンでも一杯1万円は高いと思いますが、そのお客様はコスパ度外視でご来店くださるわけです。

お客様が「後利」なのに、私たちが「先利」にするわけにはいきません。お客様が納得するまでつくり直すのは当然のことではないでしょうか。

つくり直せば当然、コストがかかります。ただ実際につくり直しを頼まれるお客様は多くありません。一店舗で半年に1人いるかどうか。全店では年に15~20人です。しかも、2回3回とつくり直すのは年に数回というレベルです。たいていは1回のつくり直しでご満足いただけるので、利益に与える影響は軽微です。

そしてつくり直すコスト以上に、「何度でも味の調整可能」という安心感からお客様が岩本屋を選んでくださる利益のほうが大きい。まさに「先義而後利者栄」で、結果的には自分たちの利益につながるのです。

他の例もご紹介しましょう。

つい最近の出来事です。岩本屋福井本店の原香織さんがテーブルの片づけをしていると、隣の席から「ここのラーメンが一番おいしい!」という声が聞こえたそうです。うれしくなってお客様に話しかけると、そのお客様は海外在住で、コロナ禍で3年ぶりに一時帰国している最中だったとか。日本に帰国したら絶対にラーメンを食べようと決めていたらしく、待ち焦がれた思いが「おいしい!」という一言につながったのでした。

先義後利が実践されたのは、そうした会話の後です。お客様はトイレに立つときにマスクを床に落としてしまったのです。

原さんはその様子を見て「落としたマスクをつけるのは嫌だろうな」と考えました。しかし、あいにくその日は店に予備のマスクがありませんでした。**原さんは急いで近所のコンビニにマスクを買って戻り、お客様に「使ってください」と手渡しました。**お客様はたいそう喜んでくれたそうです（もちろん自腹ではなく会社の経費です）。

マスクに感激してくれたお客様は、また次回帰国されたときに岩本屋に寄ってくださるでしょう。

ただ、原さんの頭の中には「お客様がリピーターになってくださるかも」という打算はなかったはずです。お困りのお客様を助けたいという純粋な思いが、瞬間的に彼女をコンビニに走らせました。まさに先義後利です。

本書でこの後さらに紹介しますが、岩本屋と是・空では至るところで先義後利が起きています。経営理念を単なるお題目ではなく、現場でみんなが実践しているところにカンサプの強さがあるのです。

学生からベテラン主婦まで、全員がおもてなしできる仕組み

なぜカンサプの社員は先義後利を実践できているのでしょうか。

現在（2023年1月）、岩本屋には51人の社員がいます。51人中、総務などの管理部門の仕事を専任でやっているのは2人。あとの49人は店舗やエリアの専任か、店舗やエリアの仕事と管理部門の仕事の兼任で（たとえばエリアマネジャー兼商品開発担当など）、ほとんどの社員が何らか形で現場とかかわっています。さらにカンサプの麺は自社工場「ヒノマル製麺舎」でつくられていますが、生産を管理する工場長も店舗と兼任です。

店舗や工場のオペレーションを担っているパートやアルバイトは、約400人です。おおまかにいうと、平日のランチタイムは地域の主婦のみなさんがパートに入ってくれて、平日の夜や休日は学生さんのアルバイトが店を支えてくれています。

社員とパート・アルバイトを合わせて総勢450人。一店舗あたり15人弱で現場を回しています。全体の男女比はほぼ半々で、**平均年齢は26・6歳**。若くて活気のある現場です。

それまでアルバイト経験がほとんどなかった学生さんから、子育てが一段落したベテラン主婦、接客業に興味があって入社した新卒の大学生、ラーメン好きで将来の独立を夢見て入社してきた転職組まで、カンサプではバックグラウンドが異なるさまざまな人たちが働いています。それぞれ生きてきた道のりが違えば働く目的も違う、多様性のある集団です。

多様性があるといえば聞こえがいいですが、その中には、もともとは稼ぐことを目的に働いていた人もいれば、人と話すのは苦手で、厨房で調理だけをしていたかったという人もいます。最初から先義後利の精神を持っていた人はむしろ少数派で、「先利」だったり、「義」そのものが得意ではない人が大半でした。

それなのに、なぜカンサプでは先義後利が実践されているのか。

その答えは、**数々の仕組み**にあります。

お客様に喜んでいただくための調理やサービスの仕組み。
従業員がイキイキと働き、自然に先義後利が身につく教育の仕組み。
そして先義後利を含めた私たちの仕事ぶりを、取引先など社外のみなさんに広げる仕組み。

これらが仕組み化されているからこそ、お客様に感動をもたらす大小さまざまなサプライズが日々、現場で起きているのです。

働く人が夢を持てる会社に！

本書では、その仕組みをあますことなくご紹介しています。

カンサプはまだ発展途上の飲食チェーンであり、現在取り組んでいる仕組みが唯一絶対の正解というつもりはありません。ただ、ご紹介する仕組みはすべて本当に実践しているものばかりなので、同じサービス業の方はもちろん、顧客接点がある、あらゆる業種の方にとってもお役に立つところがあるはずです。

実は本書にはもう一つ、裏テーマともいうべき目的があります。それは若い方やその親御さんたちに、カンサプの取り組みを知ってもらうことです。

私が修業を始めた当時のラーメン業界は昔ながらの徒弟制が一般的で、必ずしも働きやすい職場ではありませんでした。その悪癖を引きずっている会社もまだありますが、もはやそのやり方は時代遅れ。従業員を大切にしない会社に未来はなく、カンサプも**働き方改革を行い、残業は月平均13時間**にまで減りました。

働きやすさだけではありません。カンサプで働けば、先ほどのさまざまな仕組みを通して先義後利という商売の本質を理解して、ビジネスパーソンとしての成長を実感できるでしょう。本書を読んで少しでも共感するものがあった方には、ぜひ一緒に働く仲間になってもらいたいと思っています。

「ラーメンは職人の世界だから、世間の常識は通用しない」
「飲食業だから、労働環境が悪くても仕方がない」
「しょせん地方の店舗だから東京には勝てない」

「中小企業だから、成長に限界がある」

これらはすべて、現状を変えようとしない人たちの言い訳です。いくらでもやり方はあるはずで、私たちはこの間違った常識を打破して、老若男女、働くすべての人たちが夢を持てる会社になろうと努力を続けています。

本書が同じような志を持つみなさんに少しでもお役に立てば、これに勝る喜びはありません。

2023年1月

KANSAP.INC／カンサプ株式会社　代表取締役社長　岩本修一

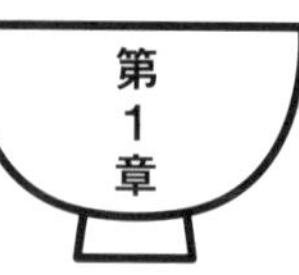

第1章

愛される会社はこうして生まれた

第2章

お客様に愛される仕組み

社員がイキイキする「働きやすさ」の仕組み

第4章 社員がグングン育つ「採用と教育」の仕組み

第5章 感動サプライズの輪を広げるために

編集協力：村上敬

第１章
愛される会社はこうして生まれた

小学生のころから憧れた「社長業」

カンサプにはお客様や従業員、取引先に愛される数々の仕組みがあります。

ただ、それらは一朝一夕にできたものではありません。むしろ創業期は失敗の連続で、何度も情けない思いをしました。この章では、その状態からどうやって人気ラーメンチェーンを築くに至ったのかの道のりを紹介しましょう。

将来は社長になりたい——。

幼心にぼんやりそう考えたのは小学校低学年のころでした。私は両親が小学1年生のときに離婚して、母と一緒に暮らすようになりました。シングルマザーが働きながら子育てするのは大変だったはずです。おそらくお金には苦労していたのではないでしょうか。

当時、テレビ朝日系列『モーニングショー』で「宮尾すすむのああ日本の社長」というコーナーが人気でした。タレントの宮尾すすむさんが社長の自宅を訪問して、社長のリッチな生活ぶりを紹介するコーナーです。

おそらく事前に了解済みだと思いますが、宮尾すすむさんは勝手にクローゼットや冷蔵庫を開けて中を公開。冷蔵庫にはたいていメロンなどの高級な果物が入っていて、けっして裕福ではなかった私は「社長っていいなあ」と思うようになりました。

もっとも、小学生のころですから、「スポーツ選手になりたい」「歌手になりたい」といった夢とかわらない、無邪気なものでした。

それが多少なりともリアルさや切実さを帯びるようになったのは中学生のころでした。社会科の「公民」の授業で、先生がこう言いました。

「標準世帯は夫婦2人子2人の4人家族です。もちろん実際にはそうでない家庭もあります。このクラスはどうですか。2人家族の人は手を挙げてみてください」

今ならきっと問題になる無神経な質問です。クラスできょうだいのいない母子家庭は私一人だけ。おまえは標準以下と言われているようで、とても悔しかったことを覚えています。

その悔しさが小学生のときに抱いていた憧れと結びつき、「いつか社長になって見返してやる」という思いに発展していきました。

高校生になると、そこに「早く自立して母を楽にしてあげたい」という思いが加わります。新聞配達やスーパーのレジ、ファミレスなど、複数のバイトを掛け持ち。高校生ながらそれなりに稼いでいました。

卒業後は、織機の工場に就職して旋盤工になりました。ただ、約3年勤めたものの、その先に独立する道は見えませんでした。

そこで飛び込んだのが運送業の世界です。運送業は運送会社に就職して社員として働くパターンと、自分でトラックを持って個人事業主として運送会社から仕事を請け負うパターンがあります。まずは正社員として勤めて、お金を貯めてトラックを持とうと、22歳のときに転職しました。

私が運んでいたのは、ブルドーザーやショベルカー、杭打機といった建設機械でした。工事現場まで輸送すると、建設途中のビルや橋が目に入ります。それを見ているうちに自分も何か形に残る仕事がしたくなり、26歳のときに辞めてしまいました。

勢いで辞めたものの、何か当てがあったわけではありません。久しぶりにまとまった時間ができたので、とりあえず東京の友達のところに遊びに行くことにしました。福井から東京まで約５００キロ。お金を節約するために下道をのんびりドライブです。

途中、静岡県沼津市で国道1号線沿いのコンビニに車を停め、休憩したときのことです。雑誌コーナーに立ち寄ると、派手な表紙をしたムック本が目に入りました。はっきり覚えていませんが、「首都圏版ラーメンランキング１００」といったようなタイトルだったでしょうか。

それを見て思い浮かんだのが、日本テレビ系列で放映されていた『ぐるぐるナインティナイン』の「ゴチになります！」でした。このコーナーに出演していたＴＯＫＩＯの国分太一さんは、プロフィールに好きな食べ物としてラーメンをあげていました。「はじめに」でお話ししましたが、昔の福井県はラーメン不毛の地。好きな食べ物としてラーメンをあげる人は少なく、印象に残っていました。

東京に行ったら、国分太一さんが惚れこむようなラーメンが食べられるのか――。

俄然、興味が出てきて、ムック本を手に取りレジに向かいました。この一冊が私の運命を変えることになるとは、そのときは夢にも思いませんでした。

運命のラーメンと出会う

東京の友人宅に到着して、さっそく恵比寿の「香月」に行きました（のちに六本木に移転）。ムック本では8位にランクされていましたが、友人が「行ったことがある。おいしいよ」と言うので案内してもらったのです。

「これ、ほんとにラーメンなの⁉　この白いつぶつぶは何？」

最初に一口すすったときの衝撃は今でも覚えています。「香月」のスープは背脂豚骨です。そのころ福井県では豚骨スープ自体が珍しく、ましてや背脂入りなどというものは存在していませんでした。これほどコクのあるラーメンは食べたことがなく、一心不乱に麺とスープをすすりました。

あまりのおいしさに、その翌日も「香月」に行きました。2回目は、初回より多少冷静に味わえます。やはり気になったのは背脂です。

実は高校時代、私は肉屋さんでもアルバイトを掛け持ちしていました。ロースの塊が運ばれてくると余分な脂を削る下処理をするのですが、削げ取った背脂は捨てられていました。もったいないと思って一度家に持ち帰ったことがありますが、母にも「そんなもの体に悪い」と捨てられてしまいました。そうした経験から、私の中で背脂は余計なもの、捨てるものという印象しかありませんでした。

福井では捨てられてしまう背脂を使えば、こんなにコクと旨みのあるラーメンになるのか。このラーメンを福井に持ち帰れば、みんなを驚かせることができるかもしれない――。

ほんの数日前まで想像だにしなかった「ラーメンで起業」という選択肢を、初めて意識した瞬間でした。

ラーメン店をひらくには研究が必要です。東京のラーメン店の食べ歩きをもっと続けたかったのですが、いつまでも友人宅に泊まり込むわけにいかず、いったん福井に戻りました。

ラーメン店を回るには、生活拠点を東京に移さなくてはいけません。まずはその準備です。

私は運送業時代に牽引や大型特殊の免許を取っていたので、その延長で退職後に二種免許を取得していました。二種免許があればバスやタクシーの運転ができます。路線バスは決まったルートを走るため行動範囲が狭いですが、タクシーなら東京中を走れます。東京で買って帰った求人情報誌を見ていたところ、あるタクシー会社のコピーが目に飛び込んできました。

「おいしいラーメン屋はタクシー運転手に聞け」

タクシー会社のほうも勤務中にラーメンの食べ歩きができることを求人の売りにしていたのです。

結局、私が電話したのは別のタクシー会社でしたが、面接に受かり、晴れて東京で就職することができました。

タクシーの運転手の仕事はシフト制で、朝6時から翌日の午前2時までの20時間勤務です。私はタクシーにムック本を持ち込み、掲載されているお店をそれこそ片っ端から回りました。少なくとも昼か夜のどちらかはラーメンで、勤務後に24時間営業の店に足を運ぶこともありました。

3カ月の間に100軒は食べ歩いたでしょうか。気になる店へは何度も足を運び、杯数でいえば150〜200杯近く食べたはずです。

行った店は自分なりにS、A、B、Cで評価しました。100軒回って、Sランクは3軒です。最初に衝撃を受けた「香月」はAランクですから、それ以上においしい選りすぐりの3軒です。

味は時代とともに変わりますが、参考までに明かすと、「屯ちん」（池袋）、「春木屋」（荻窪）、「吉村家」（横浜）、が当時の私のベスト3でした。

東京周辺のおいしいラーメン店がわかれば、あとはその味を参考にするだけです。タクシー会社は3カ月で退職して、なかでも豚骨醤油ブームの中心だった**「屯ちん」**を修業先に選び、働き始めました。

ラーメンのつくり方はサイエンス

1997年9月、「屯ちん」で修業を始めた日のことは鮮明に覚えています。お店は11時オープンで、その少し前から行列ができ始めます。開店と同時に満席になり、ランチタイムを過ぎて夕方4時台になってようやく空席のほうが多くなる。ホッと一息つくのも束の間、5時過ぎからまた席が埋まり始め、11時の閉店までお客様が途切れることはありませんでした。

初日は洗い物しかさせてもらえませんでした。当時から食器洗浄機はあったのですが、ラーメン店は寸胴鍋やタッパーなど食器洗浄機に入らないものも多く、終わるころにはグッタリ。慣れない立ち仕事で、腰が痛く足もパンパンでした。

当時、私はタクシー会社の寮を出て、池袋まで電車一本で行ける埼玉県所沢市に部屋を借りていました。翌朝、また一日、洗い場に立つのかと思うとうんざりしました。なんとか電車に乗ったものの、池袋駅手前の石神井公園駅で下車。ホームのベンチに座り、このまま引き返すことも考えました。

しかし、最初に福井から出てきて約5カ月。ここで辞めれば、おいしいラーメンを求めて東京中を走り回った日々が無駄になります。そして何より、独立して一国一城の主になるという夢も潰えてしまいます。もうひと踏ん張りしてみようと考え直し、遅刻ギリギリの時間に出社しました。

2日目、3日目も洗い物だけ。またくじけそうになりましたが、4日目に初めておや冷を持っていく仕事も任されました。おそらく親方は、新人が修業に耐えられるタイプかどうかを試していたのでしょう。最初の関門を突破して以降は、ラーメンに直接関係する仕事も徐々にやらせてもらえるようになりました。

親方は和食出身で仕事に厳しい人でした。しかし、けっして理不尽なことは言いませんでした。たとえば手で食材を直接触ると「菜箸を使いなさい」と注意されますが、それは手に着いた菌が移ることを防ぐためです。また、乾ききっていないタッパーにネギを入れようとすると、「水分が菌を繁殖させるから、一滴も残さず拭いてから使うように」と指導されました。

「屯ちん」は賄いにお弁当が出ますが、余った食材を使って自分でチャーハンをつくることもありました。そのとき教えてもらったのは、塩分の大切さです。

「出汁は濃くても薄くても食べられる。でも、人が食べられる塩味の幅はとても狭い。少し多いだけでも辛くて口をつける気がしなくなり、少ないと締まらない、頼りない味になる。塩分が決まらないと料理はおいしくならないんだ」

ラーメンはおろか調理の基本すら知らなかった私にとって、親方の指導は勉強になることばかり。飲食業のイロハをみっちりと仕込んでいただきました。

ラーメンについてもいろいろ教えていただきました。

あるお客様が、麺を柔らかめでご注文されました。すると親方は丼に入れるタレをいつもより3滴多く垂らしていました。なぜかと思って尋ねると、

「麺は茹でるほど水分を含んで、食べているときに水分を出す。柔らかめを注文されたらそのぶんスープが薄くなるから、タレを調整するんだよ。逆に硬めのときは水分

が少ないから、タレを引けばいい。ラーメンはバランスなんだ。覚えておきなさい」

私は「屯ちん」で働き始めた後も休日にラーメンの食べ歩きを続け、少しでも何かを掴もうと厨房の様子を観察していました。しかし、麺の茹で方に合わせてタレの量を微調整している店はほとんどなかった。親方の解説を聞いて、自分は本当にいい修業先を選んだと実感しました。

このように親方は、質問するとたいていのことを教えてくれました。しかも「体で覚えろ」とか「昔からそう決まってるんだ。黙ってやれ」という悪い意味での職人気質ではなく、きちんとした理論に基づき科学的に教えてくれます。おかげで素人だった私の理解も早かったと思います。

ただ、オープンな親方も絶対に教えてくれなかったものがあります。

タレのつくり方です。

タレはラーメンの生命線であり、つくり方によって味は大きく左右されます。まさに店の魂であり、「屯ちん」では親方と店長の二人だけしかつくり方を知りませんでした。私がそれとなく聞いても、親方はだんまり。タレに関しては秘伝でした。

ただ、秘伝とはいえ、タレは厨房で仕込みます。つくっているところは見せてもらえませんでしたが、ゴミ箱を見れば使った材料はわかります。それをメモして自分なりに研究しました。

「屯ちん」で働き始めて約1年半。私が一通りのことを覚えたころ、新宿歌舞伎町に3号店をオープンすることになりました。そして、私に異動の声がかかりました。しかし、新店のスタッフになるとしばらくは辞められなくなります。独立するならこのタイミングしかない。そう思って親方に事情を話し、福井に帰ることにしました。

屋台の場所探しで苦労

1998年の暮れ、私は福井に戻って開店準備を始めました。

味には自信がありました。「屯ちん」で修業した約2年間は、ラーメンの研究にほぼすべての時間を費やしたといっても過言ではないからです。

実際、家で試作品をつくって友達に食べさせると、ほぼ全員が**「おいしい！　こん**

なラーメン食べたことがない」と喜んでくれました。その反応は、私が「香月」で初めて背脂豚骨醤油を食べたときと同じ。この味を安定的に提供できたら、絶対に店は流行ると確信しました。

問題は経営のほうです。もともとハングリー精神から起業を志したのですが、そのころはラーメンに夢中で、経営についてはまったく勉強していない状態でした。

素人発想で考えたのは、屋台での開業です。

開業資金が安そうなこと、東京にも屋台から始めた有名店があったこと、そして福井県敦賀市では屋台ラーメンが数店出ていて人気だったことなどが頭にあって、なんとなく屋台がいいと感じたのです。

まず宅配便の配送に使う2トン車を中古で買いました。価格は120万円。運送会社にいたのでトラックの架装を請け負う整備工場にコネがあり、「保健所の検査に合格できるように」とキッチンカーへの改装をお願いしました。そこにコンロや冷蔵庫などを備え付け、トータルで250万円かかりました。

屋台が完成すれば、次はどこで営業するかです。

実はここで苦労しました。近所の中古車店の敷地内の空いている場所に目をつけていましたが、お願いしに行くと「汚れるからダメ」。その他の候補も「匂いが迷惑」「知らない人には貸せない」と断られました。場所代を払えば簡単に借りられるものだと思った自分が甘かった。このことからも、私が商売について何も知らなかったことがおわかりいただけると思います。

ぜんぶで5カ所は頼みに行ったでしょうか。ようやくオーケーをくれたのは、我が家から2キロ行ったところにあるホームセンターでした。そのホームセンターの駐車場には人形焼きの店がプレハブで出店していて、担当者は「飲食店でもいいよ」と言ってくれました。ちなみに電気は店の看板設備から引かせてもらい、水道は隣の洋服屋さんと交渉して引かせてもらいました。

次に苦労したのは仕入れです。福井にも背脂を売ってくれる肉屋さんはありました。しかし、価格が高かった。「屯ちん」時代の仕入れ値をメモしておいたのですが、それと比べて数割は高い値段でした。

支払い方法も楽ではありませんでした。月末締めの翌月払いでお願いしたのですが、「うちは毎回現金払いでお願いしています」。たしかに信用も何もない個人ですから（当時は会社にもしていませんでした）、肉屋さんが警戒するのは当然です。これも商売を甘く考えていた自分がいけなかったのです。

1カ月目は30万円の赤字……

いろいろと予定は狂いましたが、1999年1月の土曜日、なんとか**「岩本屋」**をオープンすることができました。

最初のお客様は今でも覚えています。ホームセンターの隣にバス停がありました。第一号のお客様は、そのバス停で降車した60代くらいの女性でした。友達にＤＭをばらまいていたこともあって、その他にも初日は二十数人のお客様がいらっしゃった。とりあえず一安心です。

一方で初日から課題も浮き彫りになりました。屋台なので、食事スペースは外。テントを張ってテーブルを置いて食べていただくのですが、1月の福井は極寒で、テントだけではとても寒さを防げませんでした。

大きなストーブを入れて対応しましたが、テントのすきまから風や雪が入ってきます。お客様は震えながらラーメンをすすっていました。寒さに耐えられなくなったお客様は、自分の車に丼を持って行き、運転席で窮屈な姿勢で食べていらっしゃった。どんなにおいしいラーメンも、快適な環境で食べてこそです。屋台で営業するハンデを実感しました。

日曜日はお休みで、月曜日が営業2日目。夜7時から夜中3時まで営業して、客数は一気に減って一桁でした。その後も低空飛行が続き、オープン一月目の最低客数は5人でした。当時は一杯630円だったので、トッピングを合わせても売上3500円ほどでした。

結局、**一月目は30万円の赤字**になりました。開業前に国民金融公庫から500万円借り、それに自分で貯めたお金を合わせて開業資金は約６００万円。開店準備ですでに４００万円強使っていたので、運転資金は２００万円弱しかありません。30万円の赤字を続けたら、１年も持たずに廃業です。

これも自分の見通しが甘かったと言わざるを得ません。開業前は、売上の半分くらいが利益になると漠然と考えていました。原材料費が約３割で、粗利は７割。そこから固定費や公庫への返済を引いたら５割残って、それが自分の給料になるという計算です。しかし、初月からその計算が狂ってしまった。

二月目は赤字が10万円に縮小しましたが、それでも赤字は赤字。自分に経営は向いてなかったと後悔する毎日でした。

そんなとき、神風が吹きました。地元のケーブルテレビで岩本屋が紹介されたのです。

実は前年12月の開店準備中にすでに取材を受けていました。その番組が２月に放送になり、一気にお客様が増えました。週末は50〜60杯出たでしょうか。

ありがたいことに、その番組は何度も放送されました。ケーブルテレビは地上波と違って番組が少ないため、同じ番組を繰り返し再放送するのです。無料でテレビＣＭを流してもらっているようなもので、客足は増えた後も衰えませんでした。

もともと味には自信があり、一回食べてもらえばリピートしてくれるはずだと信じていました。ケーブルテレビで新規のお客様が増えたことで、リピートしてくださるお客様も増加。忙しくなってきたので友人にバイトに入ってもらいましたが、その人件費を含めても、４カ月目からは利益が出るようになりました。

もしケーブルテレビから取材を受けていなければ、早々に諦めて店を畳んでいたかもしれません。まさに首の皮一枚で生き延びたのです。

店舗を出したきっかけは椎間板ヘルニア

屋台が軌道に乗って約１年半。アクシデントが岩本屋を襲います。

屋台時代の岩本屋

ラーメンのスープは仕込みに時間がかかるため、作業の半分を持ち返って行っていました。使うのは直径42センチの寸胴鍋（ずんどうなべ）。作業が終わると材料がたっぷり入った寸胴をキッチンカーの床に置いたまま、営業をしていたホームセンターまで運びます。そして、床からエイヤッと持ち上げてコンロに置いて、スープを完成させていきます。

11月のある日、いつものように寸胴を持ち上げようとしたら、腰にかつて感じたことがない違和感が……。

その日はなんとか営業したのですが、帰宅して風呂に入った時点で動けなくなりました。浴槽から出るのに10分、服を着るのに10分。這って車に乗るまで10分。病院に行くと、**椎間板ヘルニアでドクターストップがかかり、屋台を営業できなくなってしまいました**。

腰も痛かったですが、ようやく岩本屋のファンが増えてきたところで休まなくてはいけないのはさらに痛かった。

一刻も早く治そうと複数の病院で診てもらいました。しかし、なかなか回復せず、寝返りさえ打てない日々が続きました。結局、営業再開まで4カ月を要してしまいました。

再開後も不安は消えませんでした。重い寸胴を上げ下ろしする作業は引き続き発生します。また腰を痛めたら、店を営業できなくなるどころか、一生歩けない体になってしまうのではないか。仕事中にそんなことばかり考えるようになり、真剣に廃業を検討しました。

もやもやした気持ちが晴れたのは、お客様だった建築関係の方の一言がきっかけでした。

「狭い場所でやってるから腰に負担がかかるんだよ。店舗でやれば楽な姿勢で寸胴を持てるし、そもそも誰か雇って二人で上げ下ろししてもいい。少し前までラーメン屋さんだった空き物件知ってるから、紹介しようか？」

もともと屋台での営業にこだわりがあったわけではありません。開業以来必死に頑張ってきて、すでに屋台一台でできることはやり尽くしたという思いもありました。岩本屋のラーメンをより多くのお客様に届けるには、たしかに店舗に切り替えるのも選択肢の一つです。

このタイミングで腰を痛めたのも、何かのお告げに違いない――。

そう考えてお客様の話に乗っかることを決断。**2011年11月、福井市内に一号店となる本店をオープン**させました。

店舗オープンも社員離職でピンチに

屋台時代は平日で60杯、週末で100杯が平均でした。店舗になれば、倍になって平日100杯、週末200杯くらいではないかと予想していました。

私一人でつくれるのは、せいぜい1日180杯です。すぐ行き詰ることは目に見えていたので、オープンの前月に社員を一人雇いました。その他、ホールを担当するアルバイトも5人雇って準備は万全です。

しかし、このときも読みが甘かった。オープンは平日だったのですが、**初日には200人のお客様が来店。予想の倍です。**

屋台営業から店舗営業へ

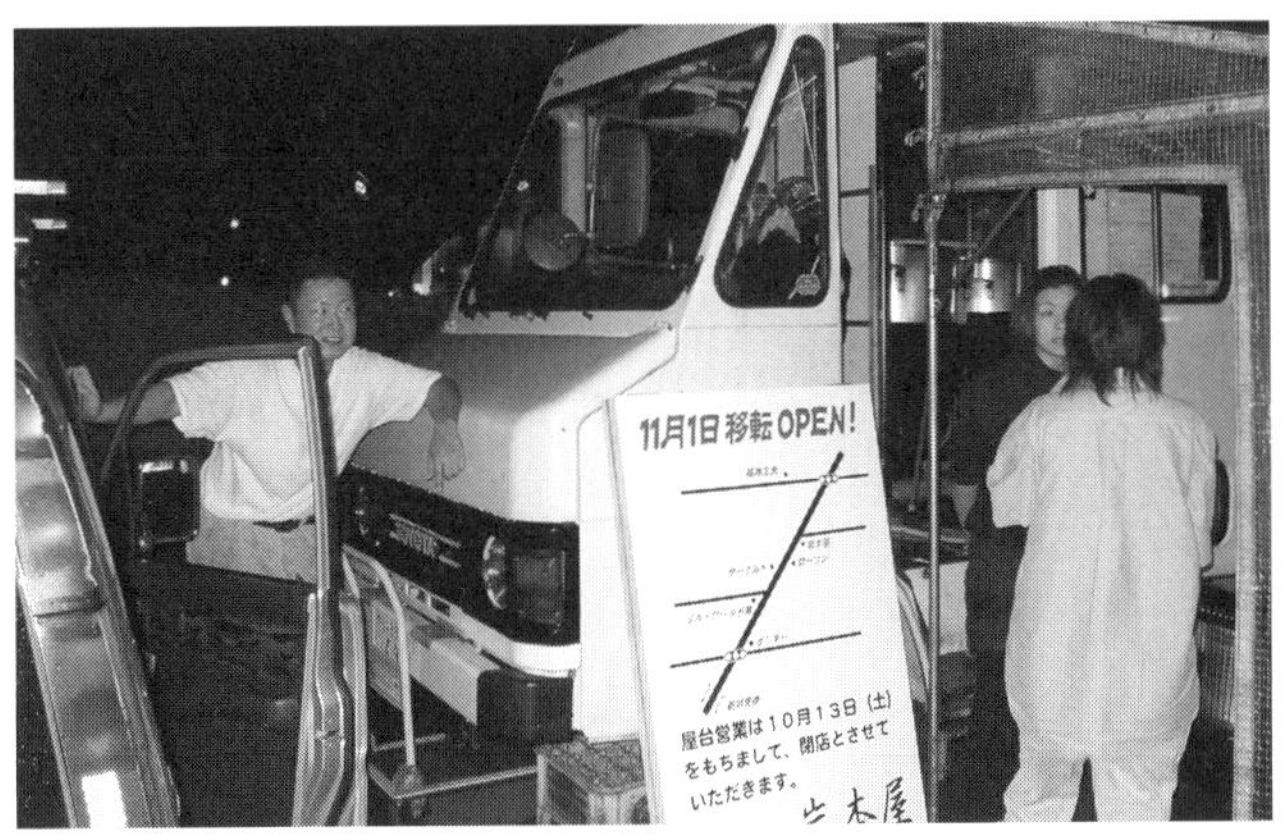

店舗営業開始を案内する看板

岩本屋一号店である福井店

店舗での調理や接客はなんとかこなすことができました。しかし、営業時間中に翌日の仕込みをする余裕がなく、その日はほぼ徹夜で仕込みをやりました。2日目もほぼ同様。3時間程度は寝たと思いますが、もうフラフラです。

3日目の午前3時、開店のための仕込みをしていたら、鼻血が垂れてきました。ツーッというレベルではなく、ボタボタ流れるひどさです。慌てて病院に行くと、お医者さんに**「血圧が高すぎる。しっかり休まないと危ないよ」と諭されました。オープン3日目にして臨時休業です。**

屋台から店舗に切り替えたのは腰に楽をさせることも理由の一つだったのに、忙しすぎて体を壊してしまったら本末転倒です。

4日目からは未経験の社員に少しずつ調理を教えて、自分の負担を減らすことにしました。また、社員は一人しか雇えないと思ってオープン直前に応募してきた人をお断りしていたのですが、栄養士の資格を持ち調理経験もあった応募者がいたことを思い出して、「まだどこも決まっていなかったらうちで働く?」と連絡。運よくオーケーをもらい、厨房3人体制で再開しました。

お客様は予想を上回るペースで来てくれました。手ごたえを感じて、翌月には有限会社岩本屋を設立して法人化。さらに社員を一人雇って人員も充実です。

しかし、うまくいきかけるとトラブルが起きるのがいつものパターンです。オープンから1年経ったころ、3人いた社員のうち、最初に入社した二人が揃って**「やめさせてください」**と退職届を持ってきました。

二人とも理由は同じでした。**労働時間の長さ**です。

当時は朝10時出社で、夜の片づけが終わるのは23時過ぎ。お昼に長めの休憩があるので実働は11時間ほどでしたが、きちんと休めるのは定休日の水曜日だけで、給料は基本給20万円でした。私自身はもっと長く働いていたので気づきませんでしたが、若い二人はキツかったようです。

二人が辞表を出したと聞いた**3人目の社員は、その次の日から来なくなりました**。特に即戦力だった二番目に入社した社員まで辞められると、本当に店が立ち行かなくなります。夜の営業をやめて労働時間を半分にすることを条件に、「次の人が見つかるまで」と引き留めました。

夜の営業をやめると単純に売上が半分になります。営業時間を変更してからの1カ月半で、さっそく300万円の赤字になりました。

このままでは倒産してしまいます。まだ新しい人は見つかっていませんでしたが、そのぶん私がフル稼働することにして、3カ月後には夜の営業を時短で再開しました。ようやく元に戻ったのは、半年後に2人、さらに翌月に1人の社員を雇ってからでしょうか。

私を含めて5人体制になるとこんどは余裕が出てきます。それまで「6勤1休」だった休日を、「5勤1休」「4勤1休」「3勤1休」と徐々に増やしていきました。給料も基本給20万円から25万円に増額です。

新しく入った社員たちが育ってきたので、引き留めていた社員に「ありがとう。もう大丈夫だよ」と言うと、「やっぱりいさせてください」。社員の反応が180度変わるくらいに待遇を改善することができました。

ちなみにこの社員は現在、岩本屋福井本店で店長をしている伊藤重之さんで、最古参の社員として今も会社を支え続けてくれています。

この出来事から学んだのは、**従業員満足度の大切さ**です。

店舗を開いてからしばらくは、お客様にいかに喜んでいただくかということしか頭にありませんでした。お客様のために従業員が身を粉にして働くのはあたりまえ。調理や接客でレベルの低いことをしたら、空の寸胴鍋を蹴りあげて「バカヤロウ！　そんなことでお客様に顔向けできるのか」と怒鳴りつけていたくらいです。今ならパワハラで訴えられてもおかしくない指導です。

しかし、二人から退職届を突きつけられて、従業員の幸せなしにお客様を幸せにすることはできないと気づきました。社員やパート、アルバイトがイキイキと働ける店にしようと考えるようになったのは、このときからです。多額の赤字を出して授業料は高くつきましたが、社員3人の段階で気づけて結果的によかったと思います。

「ラーメン屋のおやじ」から脱却せよ

1号店が完全に軌道に乗ったので、2005年、本店から20キロ離れた武生市（現在の越前市）に**2号店をオープン**させました。

自分では、1号店の成功でラーメン店運営のノウハウは完全につかんだつもりでした。実際、2号店もオープンから3カ月は絶好調で、ますます自信を深めたくらいです。

しかし、なぜか4カ月目から客数が減り始めました。

オープン景気が終わっただけかと思いきや、その後も売上が下がり続け、それと呼応するように1号店まで売上が下がってきました。味はマイナーチェンジしているもののさらにおいしくなった自信があったし、私が見る限り接客の質が落ちたわけでもありません。原因がわからないとどんな手を打っていいのかわからず、焦りだけが増していました。

そのときふと目に留まったのが「船井総研」から届いたDMでした。

船井総研は中小企業向けの経営コンサルティング会社で、ラーメン店専門のコンサルティングチームを有しています。そのチームを率いるコンサルタントが「ラーメンで年商10億円企業をつくる」と題したセミナーを開催するというDMでした。

以前から同様のＤＭは来ていましたが、うまくいっているときはゴミ箱に直行でした。しかし追い詰められると、それまで気にしていなかったものにも何かヒントが隠されている気がしてきます。私は定休日の水曜日しか動けなかったので、唯一の水曜開催だった北海道まで飛んで話を聞いてきました。

そこで教わったのは、**「〝ラーメン屋のおやじ〟から脱却して〝社長〟にならないとチェーン化は成功しない」**ということでした。

私は1号店を社員に任せて、2号店でフルに厨房に入っていました。社長というより実質的な2号店店長です。それぞれ店長として力量があっても、全体を俯瞰(ふかん)して見てマネジメントする人がいなければ、結局、一店一店の成長も止まってしまう。チェーン化した途端に二つの店で売上が下がった理由がようやく見えてきた気がして、少し気が楽になりました。

そこから3～4カ月かけて、私が現場に出なくなってもやっていける体制づくりを進めていきました。空いた時間は、コンサルタントの指導で経営理念や社員の評価制度をつくりました。社員からは楽をしているように見えたかもしれませんが、ラーメン屋のおやじとして現場に出るほうがずっと楽でした。

このとき、自信があった店づくりのほうも、コンサルタントの目でチェックしてもらうことにしました。すると、必ずしもお客様のためになっていなかった点があることに気づかされました。

たとえば1号店、2号店の外観はともにデザイン重視で、板張りにしていました。隠れ家居酒屋的な雰囲気にしたほうが、知る人ぞ知るお店として口コミで広がるのではないかと考えたからです。

しかし、コンサルタントに一刀両断されました。

「看板には『岩本屋』としか書いていませんが、これじゃラーメン屋かどうかわかりません。お客様に不親切。街道沿いの店なのだから、口コミで広がることを期待するより、まず通りがかりの人に知ってもらう努力をしてください」

的確な指摘で、ぐうの音も出ませんでした。

コンサルタントの方の次の言葉も印象に残りました。

「マクドナルドよりおいしいハンバーガーは世界にたくさんあります。でも、世界一のフードサービスチェーンはマクドナルドです」

味さえ良ければお客様は評価してくれるというラーメン屋のおやじ的価値観が抜けきっていなかった私にとって、非常に耳の痛い言葉でした。自分の店づくりをゼロから見直すいい機会になったと思います。

北陸3県でナンバーワンを目指す

2つの店舗をふたたび軌道に乗せた後、2006年の株式会社化を経て、チェーン化を加速させます。

3号店は石川県金沢市に、5号店は富山県富山市に出店しました。これで福井県だけでなく北陸3県のラーメンチェーンです。さらに業態も拡大します。**2010年には「つけ麺　是・空」の本店をオープン**させます。これが6号店です。

実は1号店を出店した当時は、明確な将来像を描けていませんでした。国民生活金融公庫から融資を受けるときには公庫に事業計画書を提出する必要があります。計画書には「5店を出店」と書きましたが、それは何の根拠もない適当な数字。「是・空」の出店で計画をあっさり超えてしまいました。

その後もチャンスがあれば出店を重ねました。平均すれば年に2～3店ペースで、**現在は32店**になりました。

外からは、手あたりしだいの出店に見えるかもしれません。しかし、私の中ではいくつか決めていることがあります。

一つは**視認性の良い場所を選ぶこと**。具体的にいうと、福井で言えば国道8号線のように大きな道路に面した場所にこだわって店を出しています。

目立つロードサイド店は、そこにあるだけで宣伝になります。ロードサイドにお店を出している、ある仏壇屋さんがあります。私はまだ仏壇を必要とする境遇になったことがありません。それだけ縁遠い存在なのに、「もし必要になったらあそこの店で買おう」と思い浮かべるのはその仏壇屋さんです。視認性の良い場所にあることは強力な武器なのです。

逆に避けているのは、ショッピングセンターなど商業施設への出店です。

商業施設内の店舗は、「買い物のついでにたまたま見つけたから」という理由での来店を期待しがちです。しかし実際は逆で、「あの店に行きたいからショッピングセンターに行く」という目的来店が多い。

強力なブランドがあれば目的来店狙いもいいでしょう。しかし強力なブランドの構築には時間とお金がかかります。テレビＣＭなどで広告を打つ体力がないのなら、目的来店より視認性を重視したほうがいい。

ありがたいことに、最近は岩本屋や是・空に目的来店してくださるお客様も増えてきました。ブランド力がついてきたので今後はわかりませんが、当面は視認性重視の出店を続けるつもりです。

もう一つは、**ランチェスター戦略あるいはドミナント戦略による集中出店**です。

ランチェスター戦略のもとになるのは軍事研究から生まれたランチェスター理論で

す。要諦は、戦力を集中させて局所的な戦いに持ち込めば、弱者でも強者に勝てるということ（逆に強者は、総力戦を仕掛けて相手に局所的な戦いをさせないことが大切です）。

これを経営に応用したのがランチェスター戦略です。たとえば複数のブランドを展開すれば経営資源が分散して大手に勝てないので、特定ブランドに絞って人やお金を投入し、認知度を高めるといった手法がこれにあたります。

ランチェスター戦略のうちエリアに関するものをドミナント戦略といいます。営業エリアをとにかく拡大するのはシェアの高い強者の戦い方。シェアで負けている弱者は、狭いエリアに集中的に店を出してそのエリアでの1位を目指します。そうして狭いエリアで強者となり、少しずつエリアを拡大するのです。

ドミナント戦略で有名なのは、コンビニエンスストアのセブン－イレブンでしょう。私たちの創業時、同社はすでに全国区だったにもかかわらず、北陸には店がありませんでした。しかし、一度出店を始めると次々と店ができ、競合を追い抜いていきました。

競合も指をくわえて見ているわけではありません。ローソンは、セブン‐イレブンが出店した地域に負けじと出店しています。集中すれば商圏が重なって一店当たりの売上は減りかねません。しかし、それ以上にドミナントで地域ナンバーワンになり、その地域で「コンビニといえば○○」と消費者に想起させるメリットのほうが大きいと判断したからこそ、集中出店しているのです。

カンサプも、出店は北陸3県に限定しています。将来は他の地域にも進出するつもりですが、それは北陸で地盤を固めてから。北陸で「ラーメンと言えば岩本屋」「つけ麺と言えば是・空」という状況をつくることが当面の目標です。

ちなみにこれらの理論は独学で身につけたものではありません。当社の顧問税理士で、小・中学校の同級生でもある松岡会計事務所の松岡茂所長から勧められて学び始めたものです。

創業当初のラーメン屋のおやじのままなら、外で学ぶ機会をつくれず、チェーン展開もうまくいかなかったに違いありません。

人と企業はトライ&エラーで成長する

カンサプの歴史をざっと振り返ってきました。ここまで読んでいただいた方はおわかりだと思いますが、**カンサプの歴史は失敗の歴史**。深く考えることなく勢いで始め、痛い目に遭って修正するという**トライ&エラーの繰り返し**でした。

たとえばかつて、味噌ラーメン業態の「麺屋　一二三（ひふみ）」を出店したことがあります。それまで福井県になかった背脂豚骨醤油やつけ麺を持ち込んで成功したので、同じく県内ではメジャーではなかった味噌ラーメンで3匹目のドジョウを狙ったわけです。

しかし、一二三は鳴かず飛ばずで大失敗。1年持たずに撤退しました。何か裏づけがあったわけではない思いつきの出店だったので、自業自得です。

ただ、トライしたことはけっして無駄になりません。味噌ラーメンはウケませんでしたが、立地はいいと睨んでいたので、店舗そのものは閉鎖せずにラーメン業態の岩本屋春江店へと改装しました。一二三時代の売上は月160万円でしたが、改装後、春江店は月700万円の人気店になっています。

ラーメンで起業して二十数年が経った今、強く実感しているのは、トライ&エラーの大切さです。企業経営で百発百中はありえません。どんなに頭がいい人もどこかで失敗を経験して、それを糧（かて）にして強くなっていきます。

むしろ怖いのは、失敗を恐れて挑戦しないことです。挑戦しなければ失敗もなく、失敗がなければ傷つくこともないでしょう。しかし、挑戦しなければ、良くて現状維持であり、成長はありません。人も企業も、とにかく一歩を踏み出してこそ次につながる何かを得られるのです。

カンサブは、そうやって成長してきました。おそらく今後もどこかでつまずくことがあるでしょう。しかし、つまずくのは前に向かって歩いている証（あかし）です。転ぶことを恐れず、これからも一歩一歩、未来に向けて歩いていきたいと思います。

第２章
お客様に愛される仕組み

リピーターは「QSCA」の総合力で店を選ぶ

お客様に愛される店というと、みなさんはどのような店を思い浮かべるでしょうか。定義は人それぞれですが、私は**「既存のお客様がリピートしてくれる店」が愛されている店**だと考えています。

新規でお店を選ぶときは、しばしば偶然の要素が絡みます。たとえば「おなかが空いたタイミングでたまたま見かけた」「他の店より待ち時間が短かったから選んだ」といったパターンです。

一方、一度来たお客様が再訪するときには、何かしらの必然的な理由があります。

おいしかったからまた食べたい。

接客に感動したから好きになった。

そうした理由で来店されるお客様が増えてこそ、お客様に愛されている店と胸を張って言えます。

もちろん新規でも目的来店はありえます。たとえば「半額キャンペーン中だと広告で知ってやって来た」「テレビでおいしい店と紹介されていた」というケースです。ただ、このときお客様が頼りにしているのは「情報」であり、自分の「体験」ではありません。口コミサイトなどの書き込みを読んで疑似的に体験することはできるかもしれませんが、そうした体験談もネットに書かれた時点で「情報」です。

情報を使った集客は、マーケティングでコントロールすることが可能です。たとえば広告をたくさん打ってキャンペーン情報を流して、行列ができる店にすることもできます。ただ、情報でつくりあげた人気は一時的なものであり、広告をやめれば閑古鳥が鳴きます。マーケティングの成果として長蛇の列ができたとしても、それは「愛されている」とは程遠い状態ではないでしょうか。

一方、**既存のお客様は自分の「体験」でリピートを決めます**。たとえネットのランキングで上位に入っていたとしても、実際に利用してみて自分に合わないと思えば次回の来店はありません。情報はしょせん、ナマの体験に勝てないのです。

新規のお客様は情報によって来店を決め、既存のお客様は体験でリピーターになるかどうかを決めます。

店舗ビジネスでは、どちらも大切なお客様です。まず新規で来店いただけなければ体験の機会を提供できないのですから、新規のお客様を獲得するためのマーケティングは必須です。実際、カンサプもあの手この手でマーケティングをしています。ただ、お客様に愛される店をつくりたければ、マーケティング以上に、**優れた体験をお客様に提供すること**を真剣に考えるべきです。

では、どうすればお客様に優れた体験をしてもらえるのでしょうか。

幸い、情報をマーケティングでコントロールするように、体験も仕組みで意図的に向上させることが可能です。

店舗ビジネス、とくに飲食店ビジネスにおいて、体験は**「QSCA」**という4つの要素に分解できます。

Qは**「Quality（クオリティー）」**。飲食業で品質と言えば**味**を指します。

Sは**「Service（サービス）」**。**接客**です。

Cは**「Cleanliness（クレンリネス）」**。これは**店舗の清潔さ**です。

Aは**「Atmosphere（アトモスフィア）」**。聞きなれない言葉ですが、**雰囲気、活気**を指します。

顧客体験を向上させるという課題が大きすぎてどこから手をつけていいのかわからないかもしれませんが、このように細かく分解すれば取り組みやすいはずです。それぞれの要素について仕組みでレベルを高めていけば、お客様の体験が印象深いものになり、次の来店へとつながっていきます。

岩本屋や是・空が愛される店になったのも、QSCAすべてを仕組化したからに他なりません。この章では、カンサプがQSCAをどのような仕組みで動かしているのか、その裏側をご紹介していきましょう。

【Q（クオリティー）の仕組み】

お客様は味で店を選ばない!?

ＱＳＣＡのうち総合点でお客様の体験が決まるとしたら、そのうちQ、つまり味の配点はどれくらいでしょうか。

意外に思われるかもしれませんが、私の経験で言うと、**味の配点は１００点満点中わずか数点。ほとんど影響しません。**

しかし、味を軽視しているわけではありません。岩本屋も是・空も味には徹底的にこだわっています。

では、なぜ配点が低いのか。他店も当然のように味にこだわっていて、差がつきにくいからです。お客様からすると、ラーメンはおいしくてあたりまえ。もともと期待値が高く、おいしくつくっても感動にはつながりにくいのです。

逆にいうと、一定のレベルに達していないラーメンを出すと、即座にお客様に見放されます。その意味で、Qは配点こそ低いものの、体験を形づくるベースとして絶対に手を抜けない要素といえます。

岩本屋はラーメン屋ではなくスープ屋

岩本屋の定番商品である「背脂入豚骨醤油味　らーめん」も、当然、こだわりが詰まった一杯です。

スープは、大量の国産豚ゲンコツを割り、きれいに血抜きをするのに一晩かけます。これが不十分だと臭みが残ってまろやかにならないからです。血抜き後は強火で一気に沸かし、さらに12時間強火のままゴトゴト煮込み、豚の旨みをしぼり取ります。

秘伝の醤油ダレは、私を含めて社内で3人しかレシピを知りません。店の魂ともいえる部分であり、おそらく他店でも公開していないはずです。そういうわけでここでも明かすわけにいきませんが、手間暇かけて丁寧につくっていることだけはたしかです。

スープとタレに合わせる麺は自社製麺です。

小麦粉はタンパク質の量が多い「スーパーベスト1」で、モンゴルかん水を使用。加水率が高めで、真空ミキサーを使用しさらに三日間熟成させることで、伸びにくいコシの強い硬めのちぢれ麺に仕上げます。

もともとは私の修業先である「屯ちん」の真似から始めましたが、そこから100回はマイナーチェンジを重ねて、約10年前にほぼ現在のものに固まりました。のれん分けではないので初期も「屯ちん」の味を100%再現できていたわけではないのですが、別の方向性で進化を続け、今や完全に岩本屋オリジナルになりました。

味の大枠はここ10年変わっていませんが、季節によって味は少し変えています。

夏場は同じラーメンでもさっぱりしたものが好まれます。普段は醤油スープだけでは塩分が足りないので、タレに少し塩を足しています。ただ、夏は酸味を出したいので、塩の量を減らして醤油を強調します。逆に冬は豚骨が強い濃厚なものが好まれるので、醤油が目立ちすぎないように塩で補ってバランスを取ります。

季節で変えるのは麺も同様です。季節によって水温や乾燥度など諸条件が異なるので、夏は加水が少なめ、冬は加水が多めです。

難しいのは、切り替えるタイミングでしょうか。例年の切り替え時期を参考にしてあらかじめスケジュールは決めてあるのですが、気候は年によって異なるため微調整が必要になります。毎年、春と夏は週間や月間の天気予報を見つつ、自分の体感をベースに切り替えの判断をしています。ここはセンスと経験が活きるところなので、今も現場任せにせず私自身で判断しています。

岩本屋のこだわりをもう少しお話しましょう。

ラーメンの食べ方は100%、お客様の自由です。特定の食べ方を押し付けるつもりは一切ありません。あくまでも「私ならこう食べる」という意味でお話しますが、私はラーメンが提供されると一心不乱にいただきます。ラーメンの命はスープであり、スープをおいしくめしあがっていただくには時間をかけずに食すのが一番いいと思っているからです。

ラーメンは、スープと麺のバランスでできています。時間をかけて食べると、麺を茹でたときに入った水分がスープに溶け出して、スープが薄くなります。それを計算してスープを濃い目にしてもいいのですが、問題は水分だけではありません。麺から水分と同時に小麦やかん水も溶けて、スープの味が変わってしまうのです。

スープをおいしい状態のままいただくには、濃さや味が変わらないうちにいただいたほうがいい。ラーメンの味にこだわる方はぜひ覚えておいてほしいポイントです。

岩本屋も、本当はラーメン屋ではなく**「スープ屋」**と名乗りたいくらいスープにはこだわっています。ラーメンはスープと麺のバランスと言いましたが、まずスープありき。スープの味を固めて、それに合う麺は何かという観点で製麺しています。

また、岩本屋はお酒やそのおつまみになるメニューも置いていますが、ラインナップは最小限です。お酒やおつまみを中心にしないのは、やはり時間をかけずにラーメンに集中していただきたいからです。

繰り返しますが、ラーメンの楽しみ方は千差万別で、誰かと会話を楽しみながら食べるのもいいし、時間をかけて味わうのも自由です。

スープを味わうこともそうした楽しみ方の一つに過ぎませんが、スープの味にこだわるお客様がいらしたときにも唸らせることができるレベルのものを提供している自信があります。ぜひ一度、ご賞味ください。

トレンドは限定ラーメンで押さえる

岩本屋の定番商品の味は、ほぼ完成しています。「背脂入豚骨醤油味　らーめん」の他に、同じ豚骨スープに、ホタテを中心として数種類の魚介と香味野菜を合わせた特製の塩ダレを加えた**「塩らーめん」**がツートップ。それぞれつけ麺も用意していて、これらの定番商品群が全体の約6割を占めています。

ラーメンには流行り廃り(すた)があります。しかし、それに振り回されて味がブレると、岩本屋の味を気に入ってくれたお客様が離れてしまうおそれがあります。よりおいしさを追求するためのマイナーチェンジは行うかもしれませんが、定番商品群は基本的に現在の味を守っていくつもりです。

では、味の流行り廃りにはどうやって対応するのか。

岩本屋でトレンドに対応する役目を担っているのが**限定商品**です。

限定ラーメンは、1~2カ月間の期間限定で、たとえば**「辛旨らーめん」「トリュフポルチーニそば」「HOTATE SOBA」「ベジポタ濃厚味噌」**など、個性的な味が特徴です。

攻めた味にしているのは、岩本屋がまだ弱者だからです。シェアを支配している大手ならば、定番を中心に、よくあるメニューをラインナップする戦略が効果的です。しかし、私たちは北陸でまだ二番手の弱者です。65ページでも紹介したように、弱者は強者が避けている領域で戦うことがランチェスター戦略の基本です。ゆえに定番から大きく外れたメニューを打ち出しているのです。

無論、ユニークならば何でもいいというわけではありません。

期間限定らーめんでトレンドに対応

ベジポタ濃厚味噌

HOTATE SOBA

トリュフポルチーニそば

濃厚担々麺

淡麗牡蠣そば（塩）

冷製あごだしそば

限定ラーメンは、定番では対応できない流行に対応する役割も担っています。東京で流行り始めた新しいラーメンがあれば、いち早くそのエッセンスを取り入れたものを限定商品として提供します。岩本屋の限定ラーメンをチェックし続けてもらえば、業界のトレンドもわかるはずです。

開発メンバーは私を含めて4人います。それぞれ普段からラーメンを食べ歩いていて、人気店や新店のメニューを実食。月一回、その結果を持ち寄って新商品の企画会議を行います。ちなみにメンバーは、私と入社二番目の古参社員、そしてイタリアン出身の社員と、東京の某有名つけ麺店出身の社員です。

情報やアイデアは多いほうがいいのですが、今のところ開発メンバーを増やすつもりはありません。味覚を言語化して共有するのは難しいからです。

たとえば「もうちょっと濃いほうがいい」といったとき、それぞれ思い浮かべる濃さが違うと困ります。味の物差しを共有することができるのは、キャリア豊富なメンバー4人程度まで。**少数精鋭だから個性的なメニューをハイペースで開発できる**のです。

限定ラーメンを注文されるお客様は、平均すると全体の2割程度です。ときには3割近く売れるものもあれば、1割近くしか出ない失敗作もあります。

うまくいったときはレギュラー化したくなりますが、これまではレギュラー化したものはありません。

理由は二つあります。まず一つは、厨房のオペレーションが複雑になるから。定番商品群のスープはすべて豚骨です。一方、限定はそのときどきで違うので、岩本屋では常時2種類のスープをつくっています。スープの違う限定商品をレギュラー化して、さらに限定ラーメンを続ければ、スープが3種類になってとても対応できなくなります。

もう一つは、ユニークで人気の高い商品ほど、アンチのお客様を生み出してしまうからです。一時的にアンチのお客様が現れても期間限定なら問題ありませんが、レギュラー化するとアンチのお客様も固定化してしまうおそれがあります。

売れている限定ラーメンを終わらせるのは心苦しいですが、レギュラー化してもいいことはありません。それより定期的に入れ替えて新鮮さをキープしたほうがお客様に喜ばれます。

マニュアルだけでは同じ味にはならない

チェーン店に行って、「あの店で食べたときはおいしかったのに、別の店で食べたらそうでもなかった」という経験をしたことはないでしょうか。

一般的なチェーン店であれば、基本的に調理マニュアルがあり、従業員もそれに沿って調理をしているはずです。それでも味のばらつきが起きるのは、なぜでしょうか。まず考えられるのが、従業員のミス、そしてそれに起因するオペレーションミスです。

たとえば「40ｃｃのレードル（小型のお玉）でタレを入れる」というレシピがあったとしましょう。本来なら、誰がタレをすくっても40ｃｃのタレが入るはずです。

しかし、レードルを斜めに持っていたらどうでしょう。すりきりにはならず、タレの量はやや少なくなってしまいます。タレは1ｃｃ変わるだけでバランスが崩れます。

このように同じレシピでも、従業員のスキルによって味にばらつきが出るおそれがあるのです。

この問題に関しては、教育で従業員のスキルを向上させることが一番の解決策になります。カンサプ全体の教育の仕組みについては後でご説明しますが、ここでは味に関する教育を一つご紹介しましょう。

岩本屋では、新人にレードル一すくいで40ｃｃになるよう練習してもらい、テストを実施しています。10回連続でぴったり40ｃｃなら合格です。一杯が40ｃｃなので落ち着いてやれば誰でもできると思われるかもしれませんが、これが案外難しい。液体には表面張力があり、そこまで考慮する必要があるからです。

実際、10回連続で誤差なくすくえる新人は多くありません。すくった瞬間に自分で少ないと気づいたなら後からタレを足すことを黙認していますが、そうしたおまけをしても、合格率は2～3割くらいです。

岩本屋ではこうしたトレーニングの仕組みをいくつか用意して、マニュアル通りの正確な調理を実現しています。マニュアルがいくら細かく定められていても、それを実行できるスキルがなければ絵に描いた餅です。マニュアルと教育制度がセットになって、初めてどの店でも変わらないおいしい一杯をお出しできるようになるのです。

チェックシートで「味見」を可視化

店舗間で味にばらつきが出る原因として、従業員の体調も無視できません。岩本屋や是・空では基本的に調理はマニュアル化され、グラムで量れるものはすべて量っています。ただ、ラーメンはバランスが肝心なので微調整が必要なこともあります。その加減が、体調によって微妙に狂ってしまうことがあるのです。

たとえば従業員が前日食べ過ぎて胃がもたれていたとします。すると、本能として硬いものより柔らかいもの、濃いものより薄いものを欲するので、無意識のうちにそれが味見の判断や微調整の加減に反映されてしまいます。

これを避けるには、味覚のコンディションを整えることが大切です。健康管理は社員本人に任せていますが、プロである以上、自己管理しなければいけないと普段から指導しています。

会社として用意している仕組みもあります。岩本屋では毎朝、開店30分前に、ラーメン、塩ラーメン、限定ラーメンの味見を行います。このとき注意しているのは、いつもと同じルーティンでやってもらうこと。たとえば毎朝コーヒーを飲む人ならコーヒーを、オレンジジュースを飲む人ならオレンジジュースを飲んでもらいます。

歯磨きや舌磨きのやり方も同様です。私は毎朝、歯ブラシで舌を5～10回ブラッシングします。このやり方が医学的に正しいかどうかわかりませんが、やり方を変えると味覚に影響が出るので、20年ずっとこのやり方を続けています。感覚を鋭くする以上に、感覚を毎日同じに保つことのほうが重要なのです。

味見した結果は、**PT（個人味覚）チェックシート**につけて記録します。チェックシートには、まず自身の体調と自信を5段階で自己申告します。味については、塩分の強さ、醤油の強さ、ガラスープのまろやかさ、背脂のつぶ脂の効き方、つぶ脂と溶け脂のバランス、麺の硬さ、トッピングする食材の量や状態、さらに全体のバランスまで、多岐にわたって評価をします。仮にタレの強さがおかしいと思えば、どれくらい足したり引いたりすればいいかも書き込みます。

このように味見を見える化することには二つの理由があります。

一つは、味見の精度を高めるためです。味見は従業員が一人ひとり行いますが、先ほど指摘したように体調で左右される場合があります。一人だと体調による影響に気づきづらいですが、シフトに入る数人がシートをつければ、体調が悪い人は他の人と比較して「あれ、今日は自分がズレているな」と気づきます。

もう一つは、味覚の共有です。商品開発のところでも触れましたが、味覚の言語化は人によって幅があり、同じ味でもそれを「濃い」と表現する人もいれば、「ちょっと濃い」と表現する人もいます。味の物差しがズレていると、それが調理のズレ、さらに店舗間の味のズレにもつながります。

そうしたバラツキをなくすのに役立つのがＰＴチェックシートです。

PT（個人味覚）チェックシートは「同じ味」を提供する仕組み

PT(個人味覚)チェックシート

名前

●共通言語

1.塩(塩分)の強さ	⇒強い(来てる、来る) or 弱い(来てない、来ない)
2.醤油(酸味・風味)の強さ(来かた)	
3.スープのまろやかさの強さ(来かた)	
4.脂の効き方(まろやかさ・柔らかさ)	⇒効いている(柔らかい) or 効いていない(かたい)

日付	体調・自信		タレ(0.2単位) 醤油	塩分	タレどうする	脂のきかた	脂どうする	PS・G濃度		バランス(タレ・スープ・脂)	麺のかたさ	チャーシュー 味の濃さ	柔らかさ
	良4321悪		強4･･3(丁度良)･･2弱		+○or-○	良(や)4321悪(か)	+○or-○	濃54321薄		良4321悪	か54321や	濃54321薄	か5432
7/12 [illegible]	3	3	0	0(or+1)	0(or-1)	4	0	4	PM	3			
7/12 [illegible]	3	3	0	0	0	3	+5	4	PM	3			
7/12 [illegible]	3	3	0	0	0(or+1)	4	0	K	PM	3			
/													
/													
/													
/													
/													
/													
/													

まわりがみんな「濃い」と評価するのに自分はいつも「ちょっと濃い」と感じるなら、味覚そのものではなく言語化の段階でズレている可能性もあります。ズレている人が「自分の『ちょっと濃い』はみんなの『濃い』と同じ」と気づけば、修正は簡単です。

大勢の従業員がいれば、なかには体調や表現の問題ではなく味覚そのものがおかしい人もいます。PTチェックシートは、そういう人をあぶりだす効果もあります。

これまでの私の経験でいうと、味覚を鍛えるのは困難です。遺伝子の影響なのか、それとも幼いころの食生活の影響なのかわかりませんが、味覚のセンサーがおかしい人にそう指摘しても、改善することはほとんどありません。

本人の努力でどうにかなるものではないので、味覚がおかしいからといって評価を下げることはありません。味覚があやしくても店長にした社員もたくさんいます。店長に求められる能力としては、味覚より店舗運営力のほうがずっと大事ですから。

ただ、店舗の主要メンバー全員が味覚に弱いと、お客様においしいラーメンを提供できなくなります。そこで味覚があやしい人を店長にするときは、味覚が鋭い人を必ず補佐につけてQのレベルをキープします。PTチェックシートで味覚を可視化することで、こうした工夫も可能になるのです。

【S（サービス）の仕組み】

接客に△はない。あるのは○か×だけ

QSCAのうち、**カンサプがもっとも重視しているのはSのサービス、つまり接客です**。

Qのところで、ラーメン屋さんがおいしいラーメンをつくるのはあたりまえで、お客様から見ると味は店選びの決め手になりにくいという話をしました。

逆に**店によって大きな違いが出るのが接客**です。

不愛想なガンコ職人が店主のラーメン店はともかく、チェーン店なら接客マニュアルがあって、どこもそれほど差がないのではないかと疑問に思う人もいるでしょう。たしかにどの店に行ってもたいていは「いらっしゃいませ」と声をかけてもらえるし、セルフでなければお冷も注いでもらえます。チェーン店なら、サービスのレベルは似たり寄ったりです。

それでも接客でお客様の評価に差がつくのはなぜか。

お客様にとって、接客に△はなく、つねに○か×かのどちらかだからです。

たとえば来店したお客様に顔を向けることなくボソッと「いらっしゃいませ」と言ったとしましょう。これは言うまでもなく×ですね。

では、お客様の顔を見て普通に言ったらどうなるか。やっているほうは合格点をクリアした60点だと自己評価するかもしれませんが、お客様の見え方は違います。「マニュアルどおりの機械的なあいさつで、真心が感じられない。クレームをつけるような不満はないけど、次にわざわざここを選ぶことはない」

お客様にとって、△は×と同じ。○を取らなければ、お客様には「接客の良くない店」として映ってしまうのです。

カンサプは、店舗および従業員のあるべき姿として、五つの行動指針を定めています。そのうちの二つは、「圧倒的元気接客」と「圧倒的おもてなし」。中身はまた後でご紹介しますが、わざわざ「圧倒的」とつけているのは、合格点ではなく満点、あるいは満点を超えた点数を目指してほしいからです。

らーめん特盛に、ネギ、煮玉子、野菜をトッピングしたお客様がいたとしましょう。特盛にこれだけトッピングすると、麺が見えないくらいのボリュームになります。

他のラーメンと同じように「ごゆっくりお召しあがりください」と声をかけるのは合格点の接客です。多少気が利く店員なら、「こぼれやすいのでお気をつけてお食べくださいね」と一言添えるかもしれませんが、それもまだ圧倒的とは言えません。

岩本屋小松店の明福加苗さんは、どうしたか。

野菜をいったん脇に置いておけるように皿をつけて持って行きました。そのままだと最初に野菜を食べないと麺にたどり着きませんが、取り皿を用意することでお客様

の好きなタイミングで野菜や麺を楽しめるようにしたわけです。

この話を聞いて、私は「圧倒的おもてなしだ！」と感心しました。ラーメンをつくる側は具をトッピングする位置にもこだわっています。あとでお話しますが、見た目もお客様に喜んでいただくための重要な要素です。

しかし、状況しだいでは見た目より食べやすさのほうがお客様の喜びにつながることもあります。皿をつけたほうが食べやすいと気づいたのは、明福さんがお客様の立場になっておもてなしをしようと真剣に考えていたからでしょう。その結果、合格点にとどまらない圧倒的な接客ができたのです。

このお客様は、食べたラーメンの味を覚えていないかもしれません。しかし、いい接客はずっと心に残ります。その後、来店されたかはわかりませんが、おそらく岩本屋のファンになっていただけたのではないでしょうか。

「感動を届けるサプライズ集団」を目指す理由

合格点を超えて満点、そしてさらに満点を超える接客には何が必要なのか。

鍵を握るのは**「感動」と「サプライズ」**です。どんなにレベルの高い接客でも、想像の範囲内ならば良くて満点です。たとえば高級フレンチでは席に着くときギャルソン（ウェイター）が椅子を引いてくれます。おもてなしのレベルは高いですが、高級フレンチなら驚くにあたらず、それがリピートのきっかけになることはないでしょう。お客様の心が動くのは、想像を超える驚きがあったときです。

岩本屋武生店に、年配のご夫婦が来店されました。岩本屋は券売機で事前に食券を買っていただくスタイルですが、初めていらっしゃったので店のシステムをご存知なく、そのままカウンターにお座りになりました。

通常なら、お客様に注文の仕方をご説明して食券を買っていただくところです。しかし、従業員の瓜田小百合さんは、年配のお客様を歩かせるのは申し訳ないと思ったのでしょう。

「券売機にお並びにならなくていいですよ。口頭で承ります。メニューをご説明しますね」

と、その場で一つひとつメニューを紹介して、現金対応で注文を取りました。券売機に慣れていなかったお客様はいたく喜ばれたそうです。

メニューを説明したりテーブルで注文を取るのは、レストランならごくあたりまえでしょう。しかし、券売機システムの店で同じことをやれば、お客様の想像を超えた喜びにつながります。接客のレベルを高めることはもちろん重要ですが、それ以上に意識すべきは、お客様の想像を超えられるかどうかなのです。

カンサプは、自分たちを**「感動を届けるサプライズ集団」**と定義しています。業態はラーメン店ですが、ラーメンはお客様に喜んでいただくための手段であり、お客様に感動していただけるなら、その手段はラーメンでなくてもかまわないとさえ思っています。

そうした思いを表現するだけなら、「感動集団」と名乗ってもよかったでしょう。あえて「感動を届けるサプライズ集団」としたのは、お客様に感動をもたらすのは感動を届けるサプライズだという信念があるからです。

岩本屋や是・空の接客の肝は、まさにサプライズにあります。

こんなこともありました。岩本屋武生店の京藤淑恵さんがホールで片づけをしていると、常連様がずぶ濡れの状態で来店されました。急に天気が崩れたものの、傘を持っておらず、そのまま走って飛び込んできたとか。

傘を用意していないのだから、当然、着替えもお持ちではありません。京藤さんは濡れたまま食事をするのは気持ち悪いだろうと思い、お客様に制服のTシャツとタオルを手渡しました。

「店に洗濯機があります。どうぞ着替えてください。濡れた服は、お食事中に乾燥機にかけときますね」

お客様は制服のTシャツでラーメンを食べ、乾いたご自分の服にまた着替えて仕事に戻ったそうです。

タオルを手渡したり傘を貸すくらいなら、まだ想像の範囲内です（それも普通のお店はやらないと思いますが）。京藤さんはそれを大きく超え、制服を貸すどころかその場で洗濯までしてしまった。**どう見てもやりすぎです**（笑）。

しかし、やりすぎるくらいでないとサプライズは生まれません。我が社では、京藤さんの判断が叱られることはありません。サプライズ集団なのですから、むしろ「よくやった！」と賞賛の嵐です。

感動サプライズの事例は会議で共有する

どのような仕組みで感動サプライズは生まれるのか。具体的に紹介していきましょう。

サプライズを生み出すうえで障害になるのが、お店の常識です。

「お客様を喜ばせるためだとしても、コストがかかり過ぎるサービスは経営を圧迫する」

「店員が勝手にやると混乱する。店長に許可を取ってからやるべきだ」

「いくらお困りの様子だとは言え、特定のお客様だけにサービスしたら不公平なのでやめたほうがいい」

これらはすべて正論であり、正しいからこそ店舗運営の常識になっています。

しかし、常識の範囲内では驚きが生まれません。サプライズには、いい意味の非常識さが必要です。

常識の枠を壊すために毎月1回開催しているのが**「感動サプライズ会議」**です。

カンサプでは、パートやアルバイトを含めて、すべての従業員に日報を書いてもらっています。日報には、お客様に喜ばれたことを書く欄があります。日報を確認するのは店長の役目です。その中でいいと思った接客があればキープしておき、毎月の店長会議と同時開催される感動サプライズ会議で発表します。

毎月たくさんのエピソードが集まりますが、その中からさらに「金」「銀」「銅」を三つチョイスします。チョイスされたものは全従業員に公開して共有します。

たとえばこんな具合です。

「常連のお客様が、トリュフポルチーニそば（期間限定のラーメンです）のトッピングを煮玉子と岩のりで悩まれていました。最終的に煮玉子を選ばれましたが、心残り

のご様子だったので、『岩のりも試してみてください』と味見できる量だけ岩のりをおつけしてお出ししました」（岩本屋金沢間明店・荒木万枝さん）

「お客様から、『ゆったり座れるうどん屋さんがないか』と聞かれました。私はわからなかったので、その場で携帯で調べて『ここが人気みたいですよ』とご提案しました」（是・空　高岡六家店・松藤陸さん）

「暑い日だったので、Ｕｂｅｒさんにお冷をあげました。すると、『お水ありがとうございます。いつもお客さんと同じように接してもらえるので、ここの配達が入るとうれしくなります』と言ってもらえて、こちらもうれしくなりました」（岩本屋金沢駅西店・奥貴子さん）

現場で働く従業員にとって、これらの接客は「本当にやって大丈夫かな？」と迷う微妙なラインでしょう。

感動サプライズ会議でエピソードを共有

有料で出しているトッピングを少量とはいえ無料でつけたら機会ロスになります。また、うどん屋さんは競合ですから、お店の情報を教えるのは敵に塩を送る行為です。Ｕｂｅｒの配達員さんにお冷を出すこと自体に損はありませんが、配達員さんに接客しても売上になるわけではなく、ある意味では無駄です。「先義後利」を経営理念として掲げているとはいえ、それぞれ迷って当然です。

しかし、会議でオフィシャルに共有すれば、従業員は「うちの会社ではここまでやってもいいんだ」と認識できます。同じような場面に出くわした従業員は、躊躇なくサプライズを実行してくれるでしょう。

実は感動サプライズ会議は、コロナ禍で一時中断していました。コロナ禍においては、感染リスクの少ない接客が求められます。お客様と直接会話をして心を通わせる接客は一時的に封印せざるを得ず、サプライズも生まれにくいからです。

状況が落ち着き始めた２０２２年後半に、ようやく再開しました。これから事例の共有を重ねて、いい意味で従業員の常識を壊し続けていこうと思います。

「目配り5秒に1回」でニーズを先読み

サプライズが生まれるのは、想像を超えたサービスをしたときだけではありません。実は常識内のサービスでもサプライズを生む方法があります。ニーズの先読みです。

たとえばお客様がお連れのお客様と料理をシェアするために「取り皿が欲しい」と思ったとします。お客様からそう言われて対応するのはあたりまえです。また、お客様が言葉にしなくても、取り皿が欲しいと思った後に「よかったらお使いください」と出すのも遅い。いい接客だと思いますが、サプライズには至らないでしょう。

サプライズを生み出したければ、お客様が自分のニーズに気づく前に動くことが大切です。取り皿のニーズが顕在化していなくても、先読みしてお出しすれば、お客様は「そうか、取り皿があると食べやすいな」とハッとして驚くでしょう。**常識内のサービスでも、タイミングしだいでサプライズに変わるのです。**

ニーズを先読みして、さらに想像を超える接客をすれば最強です。

岩本屋金沢久安店に3人連れのお客様がいらっしゃって、それぞれラーメンを注文した後、お一人がサイドメニューの唐揚げを一つ注文されました。藤野励奈さんは、3人の様子を見てこう言いました。

「よろしければ3等分にお切りしましょうか」

岩本屋の唐揚げはボリュームがあり、三つに切っても食べ応えがあります。ですが、一つの唐揚げをわざわざ切って出してもらえるとはお客様も考えていなかったはずです。藤野さんの意外な提案に、お客様は「そんなことしてもらえるんですか」と非常に喜ばれたそうです。

では、どうすればお客様のニーズがわかるようになるのか。

残念ながら、お客様の頭の中を直接のぞく方法はありません。私たちにできるのは観察することだけです。お客様の属性や服装、動き、会話の口調、表情などから、「ひょっとしたらこういうニーズがあるのでは」と推測するわけです。

このとき出発点になるのは目配りです。**カンサプでは「5秒に一度の目配り」をルールにしています。**何かの作業中でも、それに没頭せずに5秒に一度は顔をあげてホールを見渡してもらいます。

お客様にラーメンを提供した直後、スマホに電話がかかってきて、通話のために外に出たとしましょう。目配りができる人なら、

「店内で話せない立て込んだ話なのかも。長くかかるなら麺が伸びてしまう。3分経っても戻る気配がなかったらつくり直そう」

と考えるかもしれません。

一方、頻繁に目配りしていない人は、お客様がいないことに気づいていなかったり、気づいても「トイレかな。すぐ戻るだろう」と読み間違えるかもしれません。お客様のニーズは、つねにお客様に注意を向けているからこそつかめるのです。

ちなみにルール化こそしていませんが、耳も重要です。目と違って耳は何かの作業をしている間もそばだてることができます。

たとえばテーブルの片づけをしているとき、どこかからカラカラという音が聞こえ

てきたとしましょう。これはピッチャーの水がなくなったサイン。どのテーブルのピッチャーが空になったのか、すぐ目で確かめるべきです。

カラカラと音がした直後は、お客様がピッチャーから自分のコップに水を注いだばかりで、まだ水のおかわりのニーズは発生していません。しかし、音を聞いた瞬間に新しいピッチャーを持って行けば、お客様は「次の一杯のことを考えて持ってきたのか」と驚いてくれるかもしれません。このように五感をフルに使ってニーズを先読みすることが大切です。

お出迎えとお見送りを徹底する

DREAMS COME TRUEの名曲「未来予想図Ⅱ」には、彼女を車で送っていった男性が立ち去り際にブレーキランプを点滅させるシーンが出てきます。点滅の回数は5回で、それが二人の間では「ア・イ・シ・テ・ル」のサインがわりです。この歌詞を聞いてうらやましいと思った女性は多かったのではないでしょうか。

気持ちをこめて見送られたいと考えるのは、おそらくお客様も同じです。そこで**岩本屋と是・空では、お客様がお帰りの際に可能なかぎりお見送りします。お客様がいらっしゃったときも同様です。駐車場に車が入ってくるのを見たら、できるかぎり入口でお出迎えします。**

旅館ならともかく、ラーメン店でここまでやっているところは多くないはずです。初めて来店されたお客様はびっくりされるので、これも小さなサプライズといえるでしょう。

ちなみに営業時間は店舗や曜日によって異なりますが、共通しているのは**定刻の3分前に開けること。ラストオーダーも、定刻の5分後まで受け付けています。**幅を持たせているのは、やはりお客様に喜んでいただきたいからです。ギリギリのタイミングで来店されたときに杓子定規に対応されると悲しいですよね。数分の違いは誤差のようなもの。こだわる必要はないでしょう。

とくにラストオーダーには柔軟に対応しています。オープンは少しお待ちいただければ入店いただけますが、ラストオーダーの場合は時間を過ぎてしまうと翌日（昼の営業なら夕方）までお待ちいただかなくてはいけません。せっかく楽しみにしてご来店いただいたのに、それは申し訳ない。どの店舗もラストオーダー5分後までは最低限待ってもらい、それ以降は現場の判断に任せています。たいていの場合、麺を茹でるためのお湯を落としたタイミングが本当のオーダーストップになります。

ネガティブ接客はアンケートで可視化

岩本屋と是・空では、テーブルにＱＲコードを置いてお客様にＷＥＢアンケートを実施しています。

回答いただくと抽選でラーメン券が当たります。そのせいか多くのお客様が回答くださり、平日で1日60～70件、土日で約１００件の声が集まっています。

アンケートは、味や提供時間、接客態度などの項目を6段階で評価していただきます。これらは月1回、店ごとに集計してスコア化されます。これがいわゆる顧客満足度調査の役目を果たしています。

ただ、点数はあまり参考になりません。ありがたいことに、多くのお客様が「とても良い」「良い」と評価してくださるので、各店でほとんど差がつかないのです。

ならばアンケートに意味がないのかというと、けっしてそんなことはありません。アンケートには自由回答欄を設けています。そこに書かれる内容がスコア以上に役に立ちます。

岩本屋や是・空にいらっしゃるお客様は優しく、味やサービスに関する不満を直接ぶつけていただくケースはそれほど多くありません。ただ、その状況を鵜呑みにするのは危険です。笑顔で帰ったお客様が、アンケートに辛辣（しんらつ）な評価を書いてくださることも多いからです。

自由回答欄の多くは未記入のままか、「おいしかったです」などの一言コメントです。しかし、1日に数件はネガティブな評価があり、ときには具体的なクレームもいただきます。従業員は名札をつけているので、「××さんの接客が悪かった」と名指しでクレームが入ることもしばしば……。

これらの情報はお客様との普段の会話やアンケートのスコアに表れにくく、まさに自由回答欄だからこそ入手できた情報だと言えます。

クレームも含めたネガティブな回答については、「Ｃｈａｔｗｏｒｋ」というチャットツールで直ちに社内全員で共有します。クレームは、対応が遅れるほどこじれます。迅速な一次対応をしてもらうための即時共有です。

共有するのは内容だけです。アンケートにはお客様の名前や連絡先をご記入いただいていますが、お客様は店員に直接面と向かって言うことが憚られたからアンケートに書いたわけです。その気持ちを無視して名前を現場の従業員に明かすのはご法度です。

一方、従業員の名前は隠しません。晒しものにする意図はないのですが、従業員たち自身が自分の接客がクレームになっていないかどうか気にしており、エゴサーチしやすいように公開しています。

クレームを共有したら、回答してくださったお客様に店長もしくはエリアマネ

QRコードを使ったWEBアンケートで お客様の本音を収集・対応する

岩本屋 是・空　店舗別お客様アンケート

岩本屋 是・空

■お名前

■お名前(ふりがな)

■電話番号

■住所

住所検索　郵便番号検索

■メールアドレス

ジャーができるだけ早く連絡を取ります。そしてまずはお詫びして、改善のために詳しい状況をおうかがいします。

実はお客様にファンになっていただけるかどうかは、このときの対応にかかっています。

私は世界的なラグジュアリーホテル、リッツ・カールトンの大ファンです。サービス業についてもっと勉強したいと思っていたとき、林田正光さんがお書きになった『リッツ・カールトンで学んだ仕事でいちばん大事なこと』（あさ出版）を手に取る機会がありました。本では、お客様の要望にけっしてノーと言わないリッツ・カールトンのおもてなしの仕組みが解説されていました。先義後利を掲げる私たちと通じるものがあり、非常に感銘を受けました。

ただ、考え方は素晴らしくても、現場でそれを実践できているかどうかは別です。同じサービス業に従事する者として興味が湧き、それを確かめるため、福井から高速を飛ばして大阪に開業したばかりのリッツ・カールトンに泊まりに行きました。

家族旅行も兼ねていたので、車は仕事でも使うハイエースでした。ラグジュアリーホテルには似つかわしくない車です。ホテルの入口に立つドアマンも第一印象でそう思ったのでしょう。

「今日はお食事か何かですか」

と声をかけられました。

ドアマンは悪気がなかったのかもしれません。しかし、私は言外に「汚い車だから、まさかお泊りのお客様ではないですよね」とこちらを馬鹿にするようなニュアンスを感じてしまいました。滞在中のその他のサービスは完璧でしたが、それだけにファーストコンタクトの一言が気にかかり、アンケートにそのことを書いて福井に戻りました。

すると数日後、当時の支配人からお詫びのお手紙が届きました。印刷されたものではなく直筆です。文面も誰にでも送れる汎用的なものでなく、私が指摘した内容をきちんと踏まえたものでした。

初めて泊まった客に、ここまで誠意を見せてくれるとは思いませんでした。ドアマンの対応で心証はマイナス10ポイントになりましたが、その後のお手紙でプラス30ポイントに。クレーム対応を経て、むしろ大ファンになったのです。

このときの経験から、クレームを出さないこと以上に、**クレームをいただいた後にどう対応するかということのほうがずっと大切**だと学びました。

ＷＥＢアンケートの狙いもそこにあります。お客様満足度を測定することも目的の一つですが、それ以上に、お客様の不満を発見して対応するツールとして積極的に活用しています。

かつては紙ベースのアンケートだったので、情報の収集や共有、把握後の対応に時間がかかりました。ＷＥＢ化してＣｈａｔｗｏｒｋと組み合わせたことで、現在は対応スピードが格段に向上しています。速くなったぶんだけお客様にはこちらの誠意を感じていただけるのではないかと期待しています。

【Ｃ（クレンリネス）の仕組み】

店内は清潔であたりまえ

ＱＳＣＡのうち、Ｃ、つまり清潔さがリピートに与える影響はそれほど大きくありません。ラーメン店でラーメンがおいしいのはあたりまえであり、お客様の中でＱ（クオリティー）の配点が低くなるのと同じこと。**お客様にとって店内が清潔に保たれていることは当然**であり、とくに意識されません。

プロならば他店に行って「隅々まで掃除が行き届いている！」と感動することもあるでしょう。私も外食すると、ついそういうところに目が行ってチェックしてしまいます。

しかし、一般のお客様が「トイレが清潔で感動した。また来たい！」と言っている場面に出くわしたことはありません。汚くてお客様が離れていくことはあっても、きれいでお客様がいらっしゃることはない。それが飲食業界の常識です。

ただ、配点が低くてもおいしさを追求するのと同じで、飲食店であるかぎり清潔さを軽視することもありません。

飲食店においてもっとも怖いのは食中毒です。不衛生な環境で料理を提供して万が一食中毒を出してしまったら致命的です。一時的に営業できなくなるだけでなく、店の評判が落ちて長期的にも影響が出ます。

もう一つ、見た目の問題も大きい。たとえ衛生的に問題なくても見た目が汚ければ、お客様は食欲が湧かず、料理を楽しむ気になれないでしょう。

どのサービス業でも清潔さは大切ですが、お客様が口にするものを扱っている以上、飲食店はとくにクレンリネスにこだわる必要があります。お客様に気づかれなかったとしても、徹底するのが私たちの義務です。

クレンリネスを保つ仕組みとしては、清掃や従業員の手洗いなど関連する項目をマニュアル化して、実際にできているかどうか確認しています。

トイレに関しては、お客様が1人でも使われたら清潔さが保たれているか確認する方針です。もちろんピークタイムは現実的にそこまでできません。また、トイレから出た直後はお客様も嫌がるため、余裕がある時間帯でも頃合いを見て行いますが、待っている間に別のお客様がトイレに入るケースもあります。厳密にお客様一人ごとにやるのは難しいので、そのあたりは現場の裁量に任せています。

ただ、それでも「1時間に1回」「30分に1回」といった一般的な確認よりはずっと頻度は高いと思います。

環境整備でバックヤードまできれいに

カンサプは「環境整備」を導入しています。環境整備とは、仕事をする環境を整えて備えること。具体的には毎日、時間と場所を決めて、窓ふきや床磨き、整理整頓などを行います。きちんと整っているかどうか月一回、私が全店舗を回ってチェックして、点数化しています。

環境整備は社員教育の一環でやっています。それゆえ詳細は社内の仕組みをご紹介する4章で解説しますが、表面的にはメーカーなどで取り入れられている「5S」（整理、整頓、清掃、清潔、しつけ）に近く、結果的には店舗のクレンリネスにも役立っています。

もともとホールや厨房の清掃は行っていましたが、私が妥協していてそれなりでした。しかし、環境整備導入後はピカピカに。さらに変わったのはバックヤードです。各店舗には数坪の小さな事務スペース兼休憩室がありますが、ここが劇的に変わりました。

バックヤードはお客様の目に触れません。お恥ずかしい話ですが、そのせいか以前はきれいに片づけられていませんでした。衛生面で問題はなくても、書類が積み上がっていたり、物が所定の位置に置かれていなかったりしてゴチャゴチャしていたのです。

環境整備導入後は、使わないものをバッサリと捨て、各種備品の定位置を決め、使ったら必ずそこに戻すルールにしました。見た目はすっきりです。

物が整理整頓されると、仕事の効率が上がります。以前は看板の電球が切れて交換しようにも、新しい電球を探すのに時間がかかり、ときには後回しになるケースもありました。電球が切れた看板を放置するのは、クレンリネスの面で明らかにマイナスです。

しかし、今はどこに電球があるのか新人でもわかるように整理されており、切れたらすぐに交換可能です。環境整備によって、バックヤードのきれいさ、仕事の効率、そして店舗全体のクレンリネスも向上しています。

実は環境整備を導入したのは4年前で、今はまだ全社で使いこなしているとはいえない状況です。これから定着が進めば、さらにクレンリネスにもいい効果が出るのではないでしょうか。

【A（アトモスフィア）の仕組み】

声かけ地域一番で「活気」のあるお店に

ＱＳＣＡの中で**S（サービス）に優るとも劣らぬインパクトがあるのがA（アトモ**

スフィア）です。

アトモスフィアとは雰囲気、空気感のこと。業態やブランディングによって相応しいアトモスフィアは異なり、高級店なら落ち着いた雰囲気、居酒屋なら元気な雰囲気がお客様に好まれるでしょう。

岩本屋と是・空が目指しているのは**「活気のあるお店」**です。職人が黙々とラーメンをつくり、どこかピリッとした緊張感が漂うラーメン店もいいですが、私たちは明るく元気な接客で、活力がお客様にも乗り移るようなお店にしたい。お客様に「岩本屋に行くと元気がもらえるよね」と思っていただけたら、雰囲気づくりは成功です。

どうやって活気のある雰囲気をつくるのか。

活気をつくるのに欠かせないのが、お客様への声かけです。「いらっしゃいませ」「お待たせしました」「ありがとうございました」といった基本の声かけは、ハキハキと元気よく。その他、世間話も含めてお客様に積極的に話しかけます。

目標は、声かけの数、声の出し方、声量に関して地域で圧倒的一番になることです。

先述のランチェスター理論では、1位と2位で戦力に3倍の差がつくと1位は必ず勝つとされています。圧倒的一番とは、二番手が決して勝てないポジションにいること。声かけの数や声量で競合に3倍の差をつけられたら、お客様にも「元気になりたいときは岩本屋」と想起してもらえるでしょう。

声かけで圧倒的一番になるために、朝礼でトレーニングも行っています。「いらっしゃいませ」などの**発声練習を、100デシベルを超えるまで繰り返す**のです。

救急車のサイレンが80デシベルですから、100デシベルはかなりの音量です。実は接客で100デシベルの声量は不要。店内でそれだけ大きな声を出せば、むしろお客様を不快にさせてしまうでしょう。

しかし、おとなしい従業員にいきなり「元気な声で接客を」と教えても実践できません。そこで仕事に入る前にいったんフルボリュームで発声して、そこからクールダウンする形で声かけしてもらいます。

最適な声量もお客様との距離に合わせて柔軟に変えていく必要があります。厨房からならちょうどいい声量でも、お席にラーメンを提供するときに同じ声量で「お待たせしました」と声かければ、お客様はうるさく感じるでしょう。至近距離ではお客様を驚かせない声量で声かけするように指導しています。

「活気」と「おもてなし」のギャップ萌えを狙う

活気が大切だと指導していると、とにかく大きな声を出せばいいのかと勘違いする従業員がたまにいます。声が出ないよりはいいのですが、声を出すことが目的になると本末転倒です。たとえ大きな声でも、お客様の顔も見ないで「いらっしゃいませ」と声かけするのは失礼です。

元気を売りにする居酒屋で、アルバイト同士が「ご注文いただきました！」「はい、喜んで！」と声を掛け合っている場面を見かけたことがあります。たしかに元気があっていいのですが、お互いに競い合うように大声を出していて、悪ノリしているように

活気ある雰囲気をつくるための発声練習

も見えました。

活気のある雰囲気をつくるのは、お客様に明るく元気な気持ちになっていただきたいからです。本来の目的を忘れて大きな声を出すことが目的化してしまうと、お客様をかえって不快にさせるおそれがあるので要注意です。

意識したいのは、**「活気」と「おもてなし」の振り幅**です。

お客様を「いらっしゃいませ！」と元気な声で迎えた店員が、ほどよい声量で「取り皿をお持ちしましょうか」とさりげない気配りを見せる。このギャップが大きいほど活気とおもてなしの心の両方が際立ち、お客様の感動につながります。

たとえるならスイカに塩をかけるようなものです。スイカの甘さをより強く味わいたいなら、砂糖ではなく塩をふります。元気さも同じです。元気さを無理やり上乗せするより、おもてなしを上手に表現してギャップを見せたほうが、活気のある雰囲気がより強く伝わります。

従業員一人ひとりが元気さとおもてなしの心、両方を兼ね備えていることが理想ですが、それが難しければ、「Aさんは元気担当」「Bさんはおもてなし担当」というように、お店としてバランスを取る形でもいいでしょう。このバランスを無視して、うるさいだけの悪ノリにならないように注意する必要があります。

私語に見えなければ私語もＯＫ

ラーメンを食べに行って従業員同士が和気あいあいと世間話をしていたら、みなさんはどのように感じますか。

アットホームなお店だと好意的に受け止める人は少数派です。おそらく多くの人は、公私のけじめがついていない、だらしのないお店という印象を抱くのではないでしょうか。

お客様との世間話は、お客様と心の距離を縮めるのに役立ちます。また話の中でサプライズのネタに気づくこともあるでしょう。押しつけがましくない範囲でどんどん会話すべきです。

一方、従業員間の会話も、職場の人間関係を円滑にするために欠かせないものだと私は考えています。ただ、それをお客様に見える形でやると、店のアトモスフィアが悪化します。基本的にはお客様がいない時間帯や場所でやるべきです。

岩本屋と是・空では、それに加えて、「私語はＯＫ。ただし私語に見えないように」と指導しています。たとえば昨日見たテレビ番組の話をしたいなら、真面目な顔で話す。最近食べに行ったレストランの話をするならノートを開いてメモを取りながら話す。このように工夫すれば仕事の話に見えてお客様も気にならないはずです。

逆に仕事の話をしているときにヘラヘラするのは厳禁です。笑顔はいいですが、声を出して笑ったりすると私語に見えてしまう。たとえば「売上の新記録を更新した」という話なら笑いが止まらないかもしれませんが、お客様の前では控えめな表情で話して、喜びはバックヤードで爆発させましょう。

お客様の目が届くところでは、実際に何を話しているかは重要ではありません。気をつけたいのは、話題の如何にかかわらず、お客様からどう見えているか。それを忘れてはいけません。

岩本屋が派手な湯切りをする理由

見た目に関して、もう一つ質問です。

若い女性がつくっているラーメンと、この道何十年というたたずまいのおじさんがつくるラーメン、みなさんならどちらのラーメンを食べたいと思うでしょうか。

お店がカフェで、つくっているのがパンケーキなら、なんとなく若い女性がつくったもののほうがおいしく見えるでしょう。しかしラーメンとなると、おじさんのほうが職人感があっておいしく見えます。

単に「見える」だけではありません。もし同じクオリティーの一杯なら、お客様は職人ぽい中年男性がつくったほうをおいしいと「感じる」でしょう。それくらい見た目の印象は感覚を左右します。

岩本屋や是・空は、見た目にも徹底的にこだわります。

まず**商品の見た目**です。具材は、もっともおいしく見えるように置く位置が決まっています。「胃に入れば同じ」と言う人もいますが、石焼ビビンバが最初から混ぜてあったらおいしさは半減してしまうはず。ラーメンもルックスが大切です。盛りつけも含めて、おいしさなのです。

調理のパフォーマンスも馬鹿にしてはいけません。岩本屋や是・空では、湯切りをオーバーアクションでやっています。

実験したことがあるのですが、実はてぼ（振りザル）を5秒振っても、振らずにそのまま5秒置いておいても、麺のグラム数は変わりませんでした。5秒あれば振らなくても十分に湯切りはできます。

それにもかかわらず、てぼを大きく上下に振ってパシャッパシャッと音を出すのは、職人感を出したいからです。職人技が駆使されているというイメージが、ラーメンをおいしくするのです。

お客様アンケートで、「ネギをノールックでタタタンッとすばやく切っていて、すごいと思いました」というお褒めの声をいただいたことがありました。

調理のパフォーマンスも重要な調味料の一つ

ネギの味は早く切ってもゆっくり切っても同じです。味が同じなら、やはり職人感があったほうがお客様に喜んでいただけます。ネギを高速で切っていたのは生産性を高めるためでしたが、パフォーマンス効果があるなら、それに越したことはない。パフォーマンスは調味料の一つだと思って、派手に切るべきです。

気持ちが乗らないときも「本気感」を出す

極論すれば、接客も見た目を重視すべきだと思います。

お客様を喜ばせたい気持ちがあれば、本来は自然に笑顔になります。ただ、人間ですからメンタルが不安定になることもあるでしょう。たとえば家族や恋人と喧嘩したり何かの試験に落ちたりすれば、お客様を喜ばせたいという気持ちになれないことも十分に考えられます。

しかしその場合も、お客様の前では笑顔を崩してはいけません。私生活でつらいことがあったからといって、それを表に出すのはプロ失格。お客様の前では、どんなときも「明るく元気な店員」を演じる必要があります。

２０２２年の6月と11月、全社員とパートさんやアルバイトさんが参加する社員旅行を実施しました。全員が一度には行けないので４班に分けて、大阪にそれぞれ１泊しました。

旅程に組み込んだのが、吉本新喜劇の観劇です。純粋にお笑いを楽しんだ社員が多かったようですが、私の狙いは他にありました。社員に役者さんのプロ根性を学んでほしかったのです。

新喜劇の舞台には大勢の役者さんが出てきました。おそらくなかにはプライベートで面白くないことがあった人もいたでしょう。しかし、みなさんそんなことはおくびにも出さず、道化を演じて観客を笑わせていました。さすがお笑いのプロです。

この姿勢はわれわれも見習いたいところです。お客様を本気でおもてなしすることが一番ですが、何かの事情で本気になれないなら、中身が伴っていなくても圧倒的「本気感」でおもてなしをする。それがラーメン店のプロとしてのあるべき姿なのではないでしょうか。

第３章
社員がイキイキする「働きやすさ」の仕組み

従業員の満足度はデータで確認する

サービス業だけでなくあらゆるビジネスは、お客様に愛されることで売上をつくっていきます。ビジネスの目的は、お客様に喜んでいただき愛されることにあるといっても過言ではないでしょう。

ただ、企業経営ではお客様に愛されること以上に大切なことが一つだけあります。それは従業員に愛されること。人口減少時代において、従業員に愛されない会社は働き手を確保できず、事業の存続自体が危うくなります。とくにサービス業は人手不足の影響を直接的に受けてしまう。社員だけでなくパート・アルバイトを含めたすべての従業員が働きたくなる職場でなければ、お客様を迎え入れることもできないのです。

私がそのことを痛感したのは、ラーメン屋台をやめて岩本屋の店舗一号店を開店したときでした。おかげさまでお客様に愛されて店は大忙しでした。しかし、あまりに忙しく、3人いた社員全員がギブアップ。フル営業を続けられなくなり、開店したばかりなのにいきなり窮地に立たされました。

お客様に愛される前に、従業員に愛されないといけない――。

あの出来事以来、そう肝に銘じて経営をしています。

この章では従業員にイキイキと働いてもらうための仕組みをご紹介します。

最初にご紹介するのは、**従業員がイキイキと働けているかどうかを把握するための仕組み**です。この仕組みがないと従業員が何か不満を抱えていても察知できないし、何か手を打ったときにそれが本当に有効だったのか検証することもできません。従業員に愛される職場づくりにおいてベースとなる仕組みと言ってもいいでしょう。

岩本屋や是・空の場合、従業員がイキイキと働けているかどうかは、三つの数字に表れます。

まずは**売上**です。店舗の雰囲気が悪くなると、途端に売上が落ちます。お客様に提供するラーメンのクオリティーは変わらなくても、接客や雰囲気が悪くなってお客様が離れていきます。

二つ目は、毎月実施している**環境整備点検**の点数です。環境整備とは、仕事をする環境を整えて備えること。具体的には整理・整頓・清潔を行うため、一見すると掃除に見えますが、形を揃えることによって心を揃えていく組織力強化の取り組みです（詳しくは次章で解説します）。この環境整備が実行できているかを月に1回チェックするのが環境整備点検で、このとき、心が揃わなくなると形も揃わなくなって点数が悪化するのです。

三つ目が、**従業員アンケート**です。これは従業員満足度を計測するためのアンケートで、従業員がイキイキと働けているかどうかが直接わかります。

本来は従業員アンケートだけを見ていれば十分でしょう。ただ、従業員から見るとアンケートの記入はそれなりに負担がかかるため、実施は3〜6カ月に1回にしています。状況が変わって店舗の雰囲気が突然悪くなったとしても、3〜6カ月に一度だけでは、その変化をリアルタイムに把握できません。

一方、売上や環境整備点検の点数は、毎月わかります。そこで本来は遅行指標である売上や環境整備点検の点数で異変をキャッチして、緊急対応が必要なときはまず対応し、その効果も含めて従業員アンケートで確認するという流れで見ています。

これら三つの定量的な評価の他、定性的なチェックも行っています。私は環境整備点検で毎月全店舗を回り、エリアマネジャーも日常的に店舗に足を運んでいます。何か問題があって店舗の雰囲気が変化したら、たいていはすぐにわかります。変化をいち早くキャッチしたければ、現場で直接見るのが一番いい。

ただし、現場を観察するスキルは属人的なもので、人によってばらつきがあります。見逃してしまうことも多々あるので、やはり数字で確認する仕組みが必要です。

愛される職場は人間関係がいい

従業員の満足度にもっとも影響を与える要因は何でしょうか。

一般的に、従業員満足度は労働時間や福利厚生、人間関係などの「働きやすさ」に関するもの、評価や仕事のおもしろさ、成長実感などの「働きがい」に関するものによって決まると言われています。いずれの要素も重要ですが、なかでもインパクトが大きいのは、ズバリ、**人間関係**だと思います。

従業員アンケートのスコアが突如悪くなった店舗があったとしましょう。原因を探ると、8~9割のケースは同じパターンです。店長が代わったことをきっかけに人間関係が悪化して、従業員がやる気を失っていたのです。

店長が代わると、良くも悪くも店に影響が出ます。優秀な店長だとパート・アルバイトが協力的になってくれます。また従業員同士の人間関係が悪化したときも、優秀な店長なら関係修復に向けてうまくマネジメントします。

逆に人間関係に気配りができない店長に代わると大変です。パート・アルバイトは反発してシフトに入ってくれなくなり、入ってくれたときも表情にやらされ感のようなものが出てしまいます。また、従業員同士の小さな感情のもつれを放置して、修復不可能なトラブルにまで発展させてしまう。従業員満足度が下がって当然です。

だとすると、**店長教育が従業員満足度を高める最大の対策**になります。実際、カンサプは社員教育に力を入れていて、店長のレベルは総じて上がっています（社員教育の仕組みについては後述します）。

最新（2022年9月）の従業員アンケートの結果を見てみましょう。アンケートは全体の満足度だけでなく、後で分析可能なように質問項目を細かく設けています。評価は「とても良い」の6から「とても悪い」の1までの6段階。本音で回答してもらうため、IT担当者が集計した後に匿名化して、誰がどのような回答をしたのかわからないようにしています。

「今のSI（スーパーインテンデント、複数店舗の統括店長）・店長の下で今後も頑張りたいですか」という質問に対して、平均は5・0ポイントでした。アンケート自体は昔から実施していますが、途中で質問項目に手を入れたため、残念ながら時系列でどう変化したのか正確にはわかりません。ただ、少なくてもこの2年は、5の「良い」に近い4ポイント台で推移してきていて、2022年2月のアンケートで5・1ポイントと、とうとう5を超えました。

店長がマネジメント力を発揮すれば、店舗全体の人間関係も良くなり、さらに全体の満足度も高まります。

「人間関係は良いか」という質問では直近3回の全体平均は4・86ポイント。まだ店舗ごとのばらつきがあるため改善の余地はありますが、全体としてはひとまず及第点には達しているでしょう。

従業員は上司の話を聞く姿勢を見ている

もし従業員アンケートでスコアが悪化したらどうするのか。

アンケートには自由回答欄があります。スコアが下がった店舗のアンケートを見ると、自由回答欄に不平不満が書かれているケースが多いため、まずはそれをチェックします。アンケートを紙で行っていた当時は、店長や同僚への文句を回答欄に書き切れず、裏面にまでびっしり書かれていたこともありました。

原因の当たりをつけたら、私やナンバーツーの前田知也部長が店舗に赴いて従業員から直接話を聞きます。

定期的な従業員アンケートで働きやすさを確認する

ESアンケート2022.02.24～

このアンケートの内容を直接確認できるのは社長、前田部長、南(ESアンケート作成・集計役)のみです。

点数化して個人が分からない状態で店舗、店長にお知らせいたします。

具体的内容・個人名については本人の許可なく上記3名以外にはお伝えしません。

本アンケートの評価対象期間は12/1~2/24までです。

異動があった場合は、所属期間が長い店舗、社員、店長、AMが対象です。

iwamotoya.com（共有なし）
アカウントを切り替える

*必須

1-1あなたが所属している店舗名を選択してください。*

選択

1-2あなたの店舗は人間関係が良い状態だと思いますか？*
6:とても良い　1:とても悪い

- 6
- 5
- 4
- 3
- 2
- 1

ここで意識したいのは、**裁判官にならないこと**です。

話を聞く側は、問題を解決するために責任の所在をはっきりさせたほうがいいと考えがちです。しかし、人間関係は複雑でデリケート。話を聞くと、「本人の言うとおりで、相手が１００％悪い」ということは稀で、「むしろ原因は本人にある」「どっちもどっちで、60対40で相手が悪い」というようにさまざまなケースがあります。そこで無理やり白黒をつけて「誰々が悪い」と有罪宣告しても、新たな不満を生んで問題を余計に複雑化させるだけです。

何もジャッジしないなら話を聞きに行く意味はないと思われるかもしれません。しかし、従業員に「アンケートに書いたのに何も動いてくれなかった」と思われることが一番よくない。何も反応しなければ、最初は職場の人間関係に関する不満だったのが、会社への不満へと発展していくおそれもあります。たとえ解決しなくても、**まずは話を聞きに行くこと**が大切です。

興味深いことに、話を聞きに行けばかなりの確率で不満がおさまります。心構えは、裁判官というよりカウンセラー。本人の思いをなるべく引き出してあげようという気持ちで耳を傾けていると、たいていの場合、吐き出してすっきりしたり、本人の中で整理ができて問題が解決したりします。

もちろん相手に明らかな問題があるケースは対処します。滅多にないことですが、責任者の更迭に至った場合もあります。また、逆に本人の思い違いが不平不満につながっている場合は、別の視点からの見え方などを説明したりもします。対応の仕方はまさにケースバイケースです。

そうやって解決することに越したことはないですが、必ずしも無理に解決する必要はありません。重要なのは、親身になって話を聞き、共感力を示すこと。私や前田はそのような意識で従業員の不満を受け止めています。

相手の特性に合わせてコミュニケーションを変える

職場の人間関係が悪化した場合の対処法を前項でご紹介しました。

では、そもそも**人間関係を悪化させないための仕組み**はどうでしょうか。

人間関係が悪くなる要因はコミュニケーション不足にあると考えています。いっけん相性が悪いように思えても、それは相手のことをよく知らないからであり、よく話せば知らなかった一面が見えてきて仲良くなるケースが少なくありません。

逆に言えば、コミュニケーションの質と量が足りていれば、人は滅多なことで相手を嫌いになりません。職場の人間関係を良くする仕組みとは、コミュニケーションを促す仕組みと言ってもいいでしょう。

カンサプでは、コミュニケーションに関する仕組みがいろいろあります。

従業員に人気が高いのは、**EG（エマジェネティックス）という心理測定ツール**です。EGは人間が重視する思考ととりがちな行動のスタイルを数値化してプロファイリングします。具体的には、人間の思考特性を「分析型」（青）、「コンセプト型」（黄）、「社交型」（赤）、「構造型」（緑）の4つの型で整理して、どの特性が強いのかを明らかにします。また、行動特性は「自己主張性」「自己表現性」「柔軟性」の三つの指標で表され、どのように行動することを好むのかが明らかになります。

自分の特性がわかることも面白いのですが、コミュニケーションで役立つのは**相手**

の特性です。

たとえば分析型の人は論理的思考をするので、理屈抜きで指示されるのは苦手です。「これをすればこうなるから、やってほしい」と筋道立てて説明すれば動いてくれやすいです。

また逆に自分が分析型で、相手がビジョンを重視するコンセプト型だと、相手が動いてくれないのは説明が細かすぎたからかもしれません。コンセプト型はゴールを明確にしたうえでやり方は本人に任せたほうが動いてくれるので、まどろっこしい説明抜きで、結論を最初にバシッと伝えたほうがいい。

このように人間には特性があることがわかれば、相手の言動に違和感があっても、「あの人は○○型だからああなのだ」と納得できるし、それを踏まえたうえで効果的なコミュニケーションを取ることが可能です。

カンサプでは、社員の他、約3年以上在籍しているパート・アルバイトにもEGを受けてもらっています。結果は店舗の控室に貼ってあるので、「店長は社交型で感情重視だから、ストレートに気持ちを伝えよう」「パートの××さんは決まったことはきちんとやってくれる構造型だから、マニュアルで教えたほうがいい」というようにコミュニケーションに活かせます。

実はEG導入前も、さまざまな性格分析ツールを試していました。占いに近いようなものにまで手を出したこともあります。お遊びならそれも楽しいのですが、やはり実用的ではなかった。EGもまだ使いこなせているとは言えませんが、これまでのツールと違って手ごたえを感じています。

飲みニケーションで社員の悩みをすくいあげる

岩本屋や是・空は、お客様がいるところでの従業員間の私語を原則禁止しています（私語に見えない私語はオーケーです）。一般のオフィスワークと比べると、私的なコミュニケーションが取りにくい職場だと思います。

それを補うのが**飲みニケーション**です。

従業員のEGプロファイルは掲示して共有する

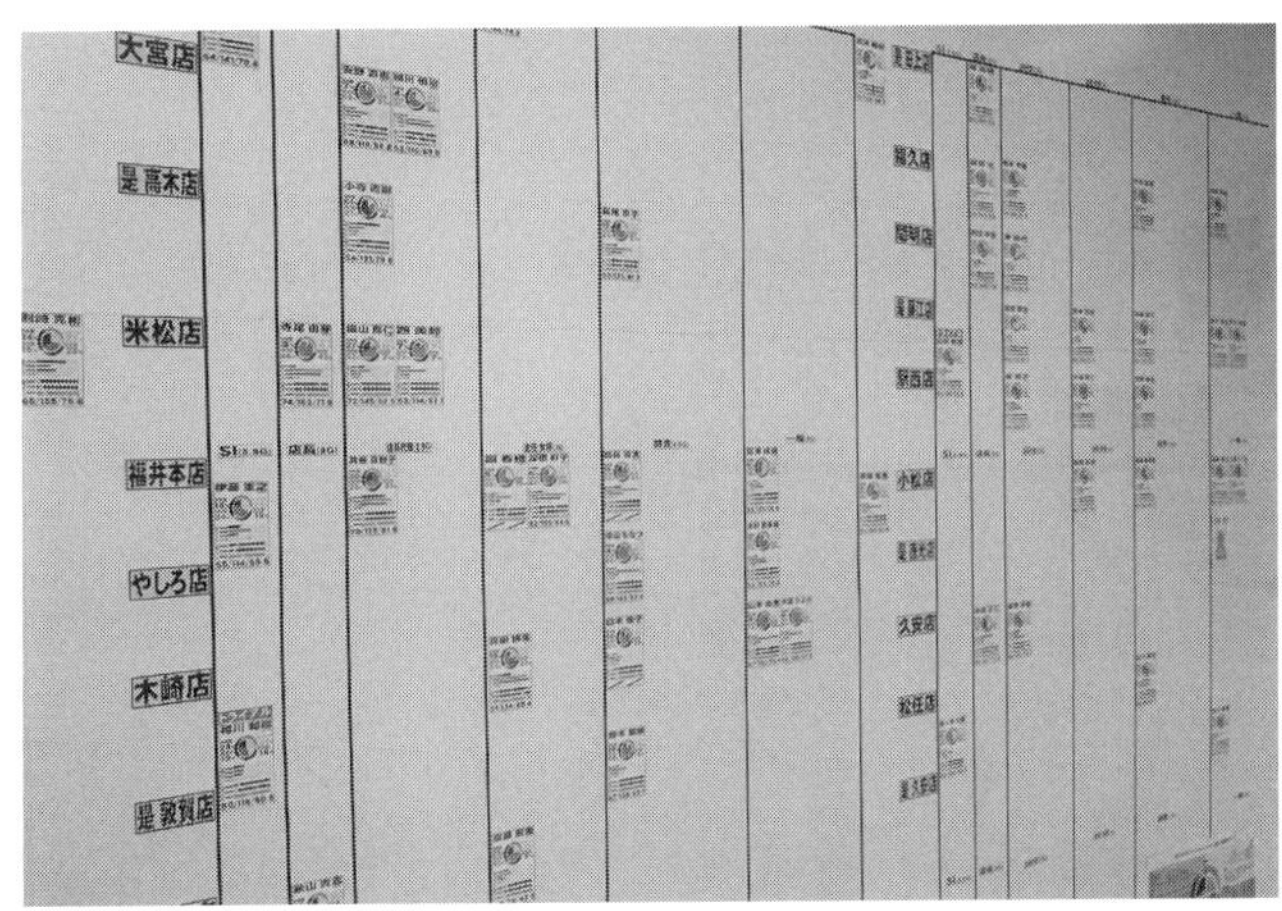

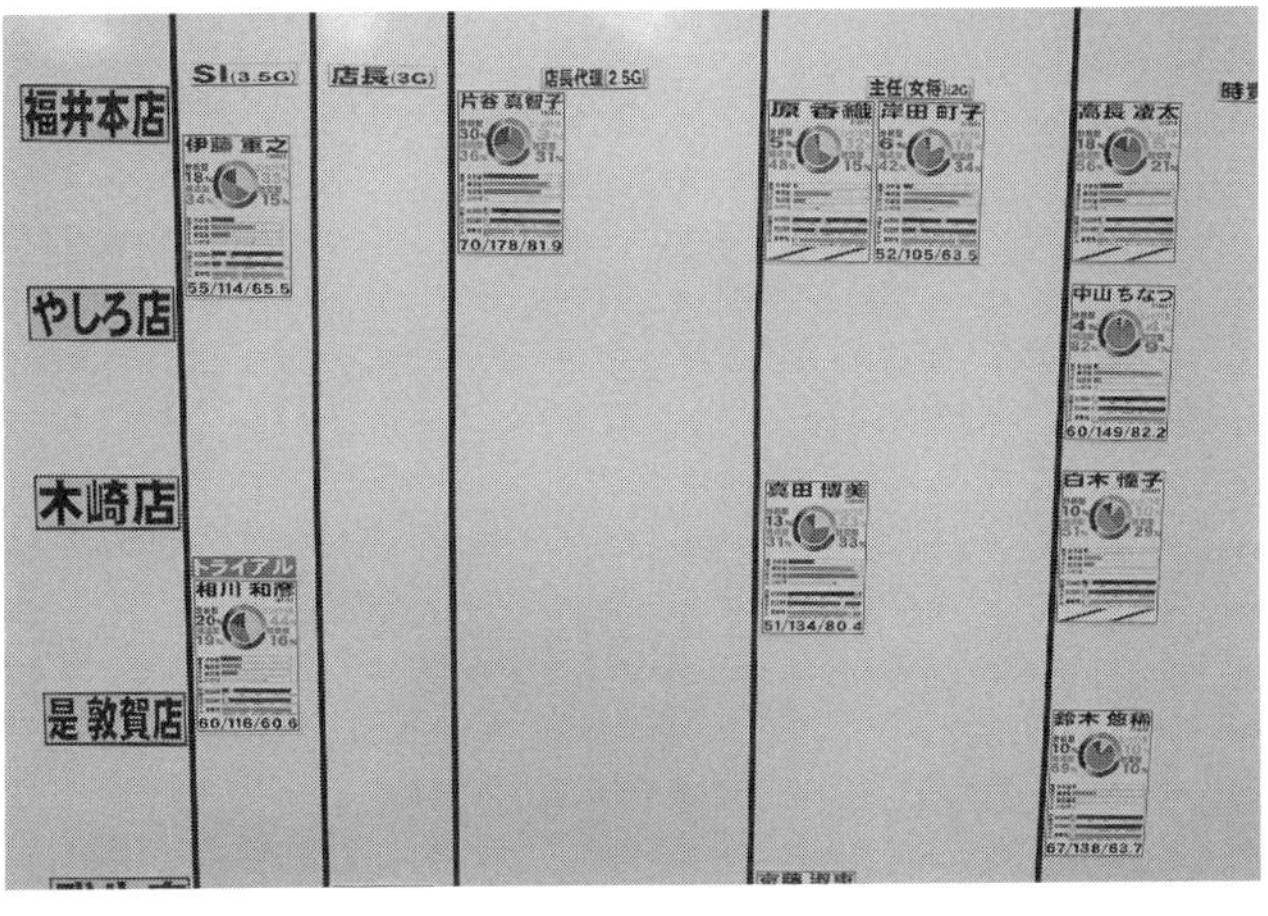

現在はコロナ対策で一時休止していますが、以前は環境整備点検で３５０点以上取った店舗に1人３０００円の食事代を支給するなどして、飲みニケーションを奨励していました。

飲みニケーションは社長の決定で行います。私が参加するものもあれば、エリアや店舗単位で行われるものもあります。どちらも会社としてのオフィシャルな取り組みですが、コミュニケーションの促進が目的なので、仕事だけでなくプライベートの悩みも聴きます。ただ、２人だと単なる飲み会になるので、原則は3人以上としています。悩みを抱えていそうな従業員がいて店長がサシ飲みで話をしたいと思ったときには、部長以上の許可を取ればオーケーです。

飲みニケーションは、お酒が必須ではありません。実際、主婦が多いパートさんを対象にしたものでは、お昼に**ランチ会**を開催したこともあります。普段忙しくて外食を楽しむ機会がないパートさんは少なくなかったようで、ランチ会はけっこう盛り上がりました。

オフィシャルな飲食で社内コミュニケーションを促進

私は環境整備点検で各店舗を回っていますが、点検のための訪問なので慌ただしく、現場のパート・アルバイトさんとしっかりコミュニケーションが取れているとは言えない状況でした。しかし、ランチ会で一度話しておくと、店舗で見かけたときに「○○さん、お子さんの受験はどうだった？」「社長、聞いてください！」というようにお互い気楽に声をかけやすくなります。

飲みニケーションはその会の時間だけでなく、普段のコミュニケーションを促す効果もあります。新型コロナウイルスの感染状況を見ながら、徐々に再開していきたいと考えています。

海外旅行で社員間の関係も密に

一方、すでに再開した施策もあります。**社員旅行**です。

社員旅行を始めたのは10年前です。きっかけは社員との雑談でした。今何したいか尋ねたところ、「遠くに旅行に行きたい」という声が多かった。

飲食店はシフト制です。そのため一人の社員がまとまった休みを取ることが容易ではありません。定休日にくっつけて休みを取っても、旅行に行けるのは近場だけで、海外なんてもってのほかでした。

プライベートで旅行に行きたい社員が多いなら、いっそのこと会社の行事として社員旅行を企画したらどうか。そう考えて、最初は与那国島、石垣島に行きました。

自由参加で、旅行に行きたくない人は普通に休んでいいのですが、参加率が良かったため、期間を月曜から金曜までの5日間に延ばして、行き先を海外にしました。**ツアー代金は会社が負担。これまでハワイ、パリ、ラスベガス、バンコク、そしてコロナ直前にはローマに旅行に行きました。**

ローマは社員約50人のうち約8割にあたる40人が参加しました。強制ではない社員旅行にしては、かなりの参加率だと思います。このとき、申し込んだものの諸事情で行けなくなってしまった社員が数人出ました。そこで欠員分はベテランのパートさんに声をかけました。主婦の方が多いため旅行は難しいかと思っていましたが、欠員分はすぐ埋まりました。

40人が一度に旅行するのは営業上よくないため、交代勤務によって一班10人の4班に分けて5日間ずつ旅行します。私はすべての旅行に同伴するためローマに行きっぱなしでした。

社員旅行の目的は福利厚生ですが、社員間のコミュニケーションにも役立っています。

カンサプでは店長会議を毎月行っていますが、そこで顔を合わせるのは店長以上の社員だけ。一般社員は普段、横のつながりがありません。店舗がそれぞれ独立しているならそれでも困りませんが、人事異動や同じエリア内でヘルプが発生することもあるので、他店の社員との人間関係もいいに越したことはありません。

社員旅行に参加すると、まわりは他店の社員ばかりで、ほぼ初対面です。そのため行きの飛行機はみんなぎこちなくて、社員旅行の集団に見えないくらいです。しかし、5日間一緒に行動すれば否が応でも親しくなります。帰りの飛行機は、サークルの友達か何かに見えるくらいにみんな打ち解けています。

海外旅行のツアー代金は会社負担

横のつながりも生まれ、社員間コミュニケーションもよくなる!

横の関係ができたことがどれくらい仕事に活かされているのかわかりません。しかし、店長会議での意見交換や他店のヘルプなどにプラスの効果はあってもマイナスの影響はないのではないかと思っています。

一方、縦の関係——私や幹部と社員——については、横の関係以上にはっきり効果を感じます。社員50人の会社ですから普段からコミュニケーションは取れているものの、旅行に行って寝食を共にすると、さらに関係が濃くなります。

今のプライベートな話、どのような環境で育ったのかというバックグラウンドの話、将来実現させたい夢の話。自然とそうした会話を重ねることで理解が深くなり、私や幹部は「社員を幸せにしなくてはいけない」と思いを新たにするわけです。

私が4班すべてに同行するのも社員一人ひとりとコミュニケーションを取り、彼らのことを深く理解したいからです。けっして旅行を楽しみたいからではないことを強調しておきます（いくら旅行好きでも、同じところに続けて4回行くのはむしろ退屈です！）。

コロナ禍で中断していた社員旅行は２０２２年に再開しました。とはいえ海外はまだリスクがあるため、行き先は大阪で、日数も1泊のみ。パート・アルバイトの参加枠も広げて、ＵＳＪや吉本新喜劇をみんなで楽しみました。いずれ海外も解禁する予定です。

サンクスカードでお互いを褒め合う

職場の人間関係向上に一役買っているのが**サンクスカード**です。

サンクスカードは、ちょっとした感謝の気持ちをカードに書いて贈り合う仕組みです。

たとえばお客様がマスクを忘れて、洋服で口を覆いながら食券を買っていたとしましょう。気がついた従業員がお客様に渡そうと予備のマスクを探したものの、どうも見つかりません。その様子に気づいた別の従業員が「私の予備があるよ。使って」とさっと手渡し。こうした心遣いをしてもらったときなどにサンクスカードを贈るわけです。

感謝の気持ちそのものはカードという形にしていなくても言葉で伝わるかもしれません。しかし、忙しい現場で「ありがとう」と感謝を伝えても流れてしまいがちです。形に残して後から確認できたほうが、伝えられた側は気持ちをしっかり受け取れるはずです。

今は紙のカードではなくアプリを導入してデジタルでやっています。デジタルではあるものの、手書き入力ができるので同じ効果があると思っています。

サンクスカードは、パート・アルバイトを含めて全従業員が贈り合うことができます。たとえばパートが店長に贈ったり、夜のアルバイトが普段顔を合わせない昼のパートに「いつもきれいに掃除してくれてありがとうございます。おかげで仕事しやすいです」と感謝を伝えてもいい。

社員に関しては、役職に応じて毎月贈るべき最小限の枚数を決めています。1グループ（一般社員）は月10枚以上、2グループ（主任）は月15枚以上、3グループ（店長）は月20枚以上です。

サンクスカードアプリで感謝の気持ちを伝え合う

枚数は義務ではなくあくまでも目安ですが、ほとんどの社員が規定枚数をクリアしています。

規定枚数を決めるのは、社員に従業員の働きをきちんと見てほしいからです。感謝したくなったことが起きたときに贈るという受け身の態度でいると、パート・アルバイトのちょっとした貢献に気づかないこともあるでしょう。一方、3グループは月に20枚以上で、出勤日ごとに1枚のペースで贈らないと規定枚数に達しません。そうすると**「今日は何か褒めるところはないか」とアンテナが立って、これまで見逃していたまわりの貢献に気づきやすくなります**。

前章で紹介したように、岩本屋や是・空の従業員はお客様に対して非常に感度の高いアンテナを向けています。それを**従業員同士にも向けてもらうための仕組み**がサンクスカードなのです。

「麺の匠」「接客の匠」はみんなの憧れの的

従業員満足度に影響するのは職場の人間関係だけではありません。働きやすさを構成する要素としては、**福利厚生**も重要な要素です。

一般的にラーメン店は福利厚生が弱い会社が多いと思います。かくいうカンサプも創業当初は、法律で定められた福利厚生をぎりぎり守っているという状況で、会社独自の仕組みは何もありませんでした。

余裕ができてきたのは店舗数が10店を超えたあたりからでしょうか。早く一般の会社並みにしたくて、前述の社員旅行などの仕組みを整えていきました。

ざっと並べると、**「慶弔休暇」「出産手当金」「出産育児一時金」「産前・産後休暇」「育児休暇」「育児短時間勤務制度」「在宅勤務制度」「介護休業・短時間勤務・休暇制度」**。今では一般の上場企業にも劣らない制度が整っています。

表彰制度も充実しています。**「社長賞」「優秀従業員賞」「新人賞」「永年勤続」**といった一般的な表彰に加えて、**「CAM（カスタマーありがとうメッセージ）賞」「JAM（従業員ありがとうメッセージ）賞」「ありがとうを多く伝えた賞」**を用意。CAMはお客様アンケートで感謝メッセージが多かった従業員上位3人、JAMはサンクスカードをもっともらった従業員上位3人、「ありがとうを多く伝えた賞」は逆にサンクスカードをもっとも多く贈った従業員上位3人が選ばれます。

表彰はパート・アルバイトも対象です。社長賞、優秀従業員賞、新人賞は私や幹部が選定しますが、とくに社員と区別せず、表彰に値する人を純粋に選んでいます。その結果、3人選ばれる優秀従業員賞の中にはパート・アルバイトもよく選ばれていま す。

また、CAM、JAMは集計の結果で自動的に決まります。どちらもサービスの最前線にいる人がランクインしやすく、例年はパート・アルバイトのほうが多く選ばれています。

これらの表彰は、社長賞の5万円をはじめ、賞に応じて金一封が支給されます。しかし、本人たちは選ばれること自体にお金以上の価値を感じているようです。

「社長賞」「優秀従業員賞」「新人賞」は、年一回、全従業員参加で金融機関や取引先などを招いて開かれる経営計画発表会で発表されます。

頑張ったら認められる表彰制度はモチベーションの源

経営計画発表会は入念にリハーサルを行いますが、誰が賞に選ばれたかは完全に秘密です。当日、賞に選ばれた人は名前を呼ばれて壇上に上がりますが、感激して泣いてしまう人もいます。そこまで喜んでもらえるなら表彰制度をつくった甲斐があるというものです。

あと二つ、賞金はないのにみんなが喉から手が出るほど欲しがる表彰があります。**「麺の匠」**と**「接客の匠」**です。

麺の匠は、厨房で働く従業員を対象にした表彰です。麺の匠と名づけていますが、麺の茹で方にとどまらず、調理全般でとくにすぐれた技術を発揮している人を私が独断で選びます。独断といっても、好みや贔屓で選んだりはしません。ラーメンの肝はバランスです。その調整は非常に難しく、どれだけマニュアル化してもたどりつけない領域があります。季節や気候の変化に合わせて、完璧なバランス調整ができるかどうか。私がとくに重視しているのはその技術であり、技術が最高水準に達しているかどうかの判断に妥協はありません。

現在、私が麺の匠と認めているのは、岩本屋と是・空の全店で3人のみです。岩本屋は白Tシャツ、是・空は紺Tシャツがユニフォームですが、匠になるとTシャツの色が変わり、背中に筆で書いた「匠」の文字が入ります。一人だけ特別感があり、匠が湯切りをする姿はまさにみんなの憧れになっています。

一方、接客の匠は、エリアマネジャーの推薦を受けたホール担当の従業員から、接客の技術やお客様アンケートの結果などを総合的に判断して選びます。こちらは現在は2人です。

接客の匠もTシャツの色が変わります。また**三ツ星、二ツ星、一ツ星**と三つのレベルに分かれていて、星の数でどのレベルなのかがわかります（実は麺の匠も三つに分かれていますが、三ツ星が3人、二ツ星と一ツ星がゼロ）。接客の匠もやはり特別感があって、みんなから尊敬の目で見られています。

麺の匠や接客の匠が認定制度ではなく表彰制度なのは、称号が1年間限定だからです。一度選ばれても、腕が落ちたら次の年は選ばれない可能性もあります。

現に接客の匠の三ツ星だったのに、星が一つ取れてしまった従業員もいます。一度選ばれたからといって油断は禁物。頂点に立ち続けたければ、切磋琢磨し続ける必要があります。君臨し続けることが難しい賞だからこそ、連続で匠に選ばれる人は本当にみんなから尊敬を集めるわけです。

残業時間が月に13時間しかない理由

月の残業時間が13時間——。

そう明かすと、同じ飲食業界はもちろん一般企業に勤める人も驚かれるかもしれません。

一般的に飲食業は残業が多くなりがちです。社員はパート・アルバイトがシフトに入れなかったときに穴埋めをしたり、日中できなかった事務作業などを閉店後にやったりすることが多く、帰る時間が遅くなってしまうためです。

かつてはカンサプも同様でした。

匠はみんなが手に入れたがる称号

忙しさが原因で、複数の社員がいっぺんに退職届を出してきたこともありました。しかし、徐々に残業時間を減らして、2022年、とうとう残業時間13時間という記録を出すに至ったのです。

最大の要因は**IT化**です。ラーメン業界は今でも紙が残る世界です。店舗数が少ないとシステム投資も割高になるし、いまだに「食材の発注はFAXで」とITを拒む取引先もあります。

しかし、紙は効率が良くありません。お客様との接点はアナログのほうが人のぬくもりが伝わっていいですが、内部のやりとりがアナログだと必要以上に時間が奪われます。

そこでIT化を決意して、**各店舗にiPadを1台ずつ支給**しました。本社とのやりとりはほぼ完全に電子化です。また、従業員アンケートやサンクスカードなどの仕組みもデジタルに置き換えて、従業員には自分のスマホからアクセスしてもらうようにしました。そうした積み重ねで業務が効率化され、残業時間が月13時間まで減ったのです。

ちなみにカンサプは「みなし残業代」制度を取り入れています。あらかじめ残業が発生することを織り込み、残業代込みの給料を支給する制度です。カンサプのみなし残業は月30時間。もし残業時間が30時間をオーバーしたら、追加で残業手当を支給します。逆に30時間より短い場合は、そのぶんを差し引くことなく30時間分を支給します。残業時間が短くなれば会社は払い過ぎになりますが、逆立ちしてもそんなことにはならないと思って私はみなし残業を月30時間に設定したわけです。

ところが実際は残業が月13時間に。**17時間分の残業手当を余計に支給**している計算になります。業務効率化がもたらした、うれしい誤算でした。

一方、**年間休日は107日**です。内訳は、週休2日、夏・冬休みであるジョイフル休暇が夏・冬合わせて計8日です。厚生労働省「令和2年就労条件総合調査」によると、企業の年間休日の平均日数は110・5日ですから、ほぼ平均並み。飲食業の平均は97・1日（「平成30年就労条件総合調査」）なので、業界平均と比べると10日多い計算です。それに加えて法定の有給休暇が5日あります。

残業の少なさや休日の多さは働きやすさにつながり、働きやすさは従業員満足度につながります。時間はかかりましたが、働きやすさはようやく胸を張れるレベルになったと思います。

働きやすい職場は一日にしてならず

この章では人間関係をはじめ、福利厚生、労働時間など働きやすさに関する仕組みを見てきました。これらの仕組みが機能して、従業員満足度は高いレベルで安定するようになりました。

ただ、一朝一夕に今の仕組みができあがったわけではありません。いろいろなことを試しては失敗して、修正を繰り返しながらここまできました。

たとえばサンクスカードと同じように褒め合う文化を定着させる目的で、同僚のいいところだけを書き出してもらうアンケートを実施したことがありました。一つの店舗の従業員数は10～20人。一人ひとりについて、20項目に関してプラスのことを書いてもらいました。みんなしっかり回答してくれて、一緒に働く仲間に関心を向けてもらいたいという目的は果たされたと思います。

ところが、その後の従業員アンケートで真実が明らかになりました。自由回答欄に**「全員分を書くのに4時間かかった。二度とやりたくない」**といった内容の声が多数寄せられて、同僚評価アンケートが不評だったことがわかったのです。

一時的に従業員に不評でも、デメリットを上回る効果が見込める施策なら、従業員に理解してもらうために説明を増やします。しかし同僚評価アンケートについては、多くの従業員の指摘通り、効果以上に社員の負担が大きいと思いました。間違いを認めて同僚評価アンケートは5、6回行ったあとで止めました。

お恥ずかしいので披露するのはこれだけにしておきますが、似たような失敗談はたくさんあります。現在の働きやすさの仕組みは、数々の施策の屍（しかばね）に上にできあがったものなのです。

大切なのは、失敗を恐れず試すこと。そして従業員アンケートのように施策を検証する仕組みを用意すること。あとはひたすら**計画、実行、評価、改善というPDCAサイクルを回すことで従業員に愛される職場に一歩一歩近づいていく**のです。

第４章
社員がグングン育つ「採用と教育」の仕組み

「大卒新卒」が働きたくなるラーメンチェーンに

従業員にイキイキと働いてもらうには、「働きやすい」職場をつくるだけでは足りません。働きやすさに加えて、**「働きがい」を感じられる職場**であることが重要です。

たとえば、自分のサービスでお客様に感謝されたり、これまでできなかったことができるようになって成長を実感したり、会社に成果を認められて出世したり。これらの場面で得られる喜びは何ものにも代えがたいものがあります。

カンサプには創業当初の労働条件が良くなかった時期から働き続けてくれている社員もいます。休みがないと不満を抱えながらもついてきてくれたのは、カンサプで働くことに何らかのやりがいを見出していたからでしょう。働きやすさを改善して、さらに働きがいについても進化させた現在、カンサプはますます従業員が輝ける会社になったと自負しています。

では、カンサプは働きがいをどのように高めてきたのか。お客様に感謝される仕組みはすでに解説しました。この章では、従業員をどのように採用して、どのような教育制度で成長してもらい、どのような制度で評価され、どのようなキャリアを歩めるのかといった、働きがいに関連する人事の仕組みをご紹介していきます。

まずは採用の仕組みから紹介していきましょう。

ラーメン店の採用は、アルバイトからの社員登用や、飲食業を転々としている中途採用ばかりというイメージを持っている人は多いかもしれません。カンサプにもアルバイトからの登用や他社からの転職組は多く、期待通りの活躍をしてくれています。

その一方で、カンサプは新卒採用にも力を入れています。15年前から高卒の新卒採用を始めて、毎年3〜5人が入社。その後、大卒新卒にも対象を拡大。いまや社員のうち約4割が新卒採用者となり、中途採用頼みの状態からは脱却しました。

新卒採用のいいところは、ゼロから成長を促すことができる点です。中途採用組が持っている豊富な経験は捨てがたいですが、経験は固定観念につながり、ときにカンサプの理念や仕事のやり方を共有するときの障害になることがあります。

一方、新卒採用者は経験がなくて即戦力化に時間がかかるものの、理念や仕事の進め方などはスポンジが水を吸うように吸収してくれます。長い目で見たら、新卒中心にしたほうが会社は成長できるでしょう。

採用のフローは、他の中小企業とそう大きく変わりません。合同説明会に出て就活生に知ってもらい、個別の説明会でより詳しくカンサプのことを伝え、2回の面接を経て、メンタルヘルスの適性試験をクリアしたら内定です。

面接で私が重視しているのはただ一点、**声の大きさ**です。

岩本屋や是・空は活気が売りの店ですから、消え入りそうな声でしか話せない人は困ります。面接で緊張して声が裏返ってもいいから、相手にしっかり届くボリュームで話すこと。これは絶対条件です。

就活生はまっさらですから、考え方やスキルは後からどうにでもなります。よほどおかしな人でないかぎり、×をつけることはありません。一方、声の大きさは体力や骨格など身体的な問題もあって簡単に鍛えられません。声が出にくい人は、同じサービス業でも落ち着いて接客ができるお店で活躍してもらったほうがいいでしょう。

2023年の新卒採用活動も順調で、前年を上回るエントリーがありました。最終的に何人が入社するのかわかりませんが、「中途採用から高卒新卒へ。そして高卒新卒から大卒新卒へ」という流れが加速するのは確実です。

ただ、内定後のフォローも含めて、採用活動の仕組みは改善すべき点が多々あります。世の中には「人に喜んでもらうことが何よりも好き」「デスクワークより人のぬくもりが感じられる仕事をしたい」と心から思っている就活生が大勢いるはずですが、その層にまだ十分にリーチできていません。

たとえば今後、セミナーで採用担当者ではなく私が直接話をしたり、今の若い人に伝わるように映像コンテンツをつくるなど、より多くの就活生により深く知ってもらう工夫をしてもいい。現在、中小企業向けのコンサルティングを手がける「武蔵野」にお手伝いいただき仕組みを改善中です。来年以降、さらにエントリー数や内定者数が増えると期待しています。

新人も9カ月で一人前のラーメン職人に

入社後は全員を店舗に配属して、現場の仕事を覚えてもらいます。多くはそのまま現場で経験を積んで店長候補になっていきます。のちに本部で働くことになったとしても、現場の大変さがわかっていなければ店舗とのコミュニケーションで苦労します。ラーメンづくりや接客の経験は必須です。

多くのラーメン店は、新人をＯＪＴ（Ｏｎ ｔｈｅ Ｊｏｂ Ｔｒａｉｎｉｎｇ。現場で実践しながら学ぶトレーニング）で教えるでしょう。たしかにラーメンづくりや接客は実際にやってみないとわからないことだらけ。岩本屋や是・空も、基本はＯＪＴです。

ただ、いろいろ体験する前に全体像やベースとなる理論などの知識があれば、同じことを体験しても理解度が大きく変わります。新しく買ったゲームをするとき、最初にざっとでも説明書を見ておいたほうが、いざゲームを始めたときに理解が早くなります。ＯＪＴも同じです。実践する前にＯＦＦ－ＪＴ、つまり集合研修やオンライン研修などの座学を少しでもやっておけば、ＯＪＴの効果が高まります。

カンサプでは店舗に配属する前に、新入社員の集合研修を2～3日実施します。

これはスキルより**理念教育**が中心です。

カンサプは、なぜ先義後利を経営理念として掲げているのか。

先義後利とは、具体的にどんなことを指すのか。

もちろん一度説明を聞いただけでは腹落ちしません。しかし、こうした考え方を最初に知っておくと、現場に出たときに戸惑わなくて済みます。

たとえばお客様からつくり直しを頼まれたとき、先義後利という理念を知らなかったら、お客様を怪訝な表情で見てしまうかもしれません。一方、事前に一度聞いておけば、「すぐつくり直しすることが先義後利なのかな」と迷いながらも笑顔で対応できるでしょう。

入社12年目で現在福井のエリアマネジャーを務める割崎克彬さんは、最初に私からこう質問されたといいます。

「社長から、『給料は誰からもらうと思う？』って聞かれたんです。僕は高校を出たてでよくわからず、『会社から？　それとも社長からですかね……』と自信なさげに答えました。すると社長は『違う。お客様からだよ』。そのときに真意をきちんと理解できたかどうかは怪しいですが、社長の答えを聞いて、少なくとも誰の顔を見てサービスをしなくてはいけないのかということはわかった。最初に話を聞けてよかったです」

配属後になりますが、スキル系の**ラーメン研修**も行います。新入社員を一つの店舗に集めて、調理の工程を一つひとつ理論的に解説するのです。

たとえば岩本屋では、お客様が麺硬めで注文されたとき、通常よりタレを一滴少なくします。硬めだと麺に含まれる水分が少なく、味のバランスを整える必要があるからです。これをマニュアルとして機械的に覚えてもいいのですが、背景にある理論を知っていれば、イレギュラーなご注文があったときなどにも対応することができます。

具体的にどのように調理するのかは、ＯＪＴで店長や先輩から学べばいい。しかし最初に理論を知っておけば、店長や先輩の指導もすんなり受け止められるはずです。

店舗に戻った後は、ＯＪＴで少しずつ担当する工程を増やします。重要な工程である麺上げをやれるようになるのはおよそ半年後。麺上げができれば、最初から最後まで一人でラーメンをつくってお客様にお出しできるようになります。

ただ、それでまだ半人前です。落ち着いた環境で一杯つくれたからといって、ピークタイムの慌ただしい環境で複数杯を同時につくれるとは限りません。ランチタイムに麺上げを任せられるようになるのは、さらにそこから3〜4カ月かかります。個人差はありますが、平均すれば**入社から9〜10カ月で一人前のラーメン職人**です。

いまだに徒弟制度が根強く残るラーメン業界の中では、カンサプは比較的早く一人前になれるほうでしょう。早く成長したい新入社員にとっては、やりがいのある環境だと思います。

「言わなくても理解しろ」は厳禁

お客様に喜んでいただくためのＱＳＣＡは、私たちが**「ＴＯＳ（店舗オペレーショ**

ンシステム）」と呼ぶチェック項目を使って教育していきます。

たとえばＡ（アトモスフィア）には、先に紹介したように「私語に見えない話し方をする」という項目があります。これは定性的な目標ですから、できているかどうかは誰かが判断しなければいけません。そこで本人による自己評価と、店長あるいはエリアマネジャーなど上司による評価をして、**月一回、10分の面談**ですり合わせます。

ＴＯＳは、それ自体がマニュアルとして機能するくらいに細かくつくり込まれています。なぜかというと、**「教えていないけど、考えたらわかるだろう」という無責任な教育を防ぐため**です。

教える側は、「ベースになる理念やビジョンさえ教えたら、あとは本人が自分で考えて実践する」と考えがちです。たしかに理念に共感して自然に動けるようになれば理想ですし、実際にそれで動ける場面もあるでしょう。

しかし、だからといって本人に丸投げするのは教える側の怠慢です。

たとえば「感動を届けるサプライズ集団」というミッションを理解していれば、お客様の潜在的なニーズを読み取ろうと自然にアンテナを張ってくれるかもしれません。

TOSは教育の仕組みでもあり、マニュアルとしても機能する

TOS自己評価入力

4G以上と内勤者は入力不要

①ICP-1　来店・退店時の活気「いらっしゃいませ」「ありがとうございます」

	1	2	3	4	5	6	
悪い	○	○	○	○	○	○	とても良い

①ICP-2　笑顔・表情(マスク越しでも笑顔が伝わるか)

	1	2	3	4	5	6	
悪い	○	○	○	○	○	○	とても良い

①ICP-3　活気・元気(声かけの言葉、数、出し方、大きさ、早口×、お客様を向こうとしているか)

	1	2	3	4	5	6	
悪い	○	○	○	○	○	○	とても良い

①ICP-4　目配り(5秒に1回キョロキョロキョロ)

	1	2	3	4	5	6	
悪い	○	○	○	○	○	○	とても良い

しかし、自分の手が空いたときにお客様の様子をうかがえばいいのか、それとも常に視線をお客様に向けるべきか、新人には判断がつきません。

そこを教えていないのに、店長から「お客様のお冷がカラじゃないか。ちゃんと見てるのか」と叱られたら、新人はたまったものではありません。叱られるべきは教えていない店長のほうであり、新人ではないのです。

一方、現場のエリアマネジャーや店長にすべて押しつけるのもおかしい。会社として「上司は部下に何をどこまで教えるべきか」を明確にしておくべきであり、もしそれを明確にしていなければ、経営者である私の責任です。

店舗で従業員が何をやり、エリアマネジャーや店長が従業員に何を指導すべきかを明確にしたものの一つがＴＯＳなのです。

ＴＯＳには､お客様のニーズを探るための行動として「5秒に一度はキョロキョロ」というチェック項目が入っています。このように明確化しておけば、お客様のお冷がカラになっていたとき､店長は「5秒に1回見てなかった」と具体的に指導できて､指摘された新人も改善しやすいはずです。

会社のルールは「経営計画書」で明文化

現場でマニュアルの役割を担っているTOSに対して、**会社全体のルールブックとして機能しているのが「経営計画書」**です。

経営計画書は、長期経営計画から、経営理念、行動指針、各種方針などをまとめた手帳サイズの冊子です。全社員に配布して、普段から店に置いていつでも見られるようにしています。

経営計画書に記載された方針は、「お客様」「QSCA」「仕入れ・仕込み」「内部統制」「組織」「コミョニケーション」「教育」「従業員」「人事評価」など多岐にわたります。それぞれについて、従業員が具体的に何をやるべきで、何をやってはいけないかというルールが書かれています。

経営計画書に書かれたルールには、社長である私も縛られます。たとえば社長の気まぐれでルールと違うことをやったり、ルール化されていないことで従業員を叱ることはありません。

東京で行われた社外研修に、エリアマネジャーと店長計4人を派遣したことがあります。研修は金曜日。せっかく東京まで行くので羽を伸ばしたかったのでしょう。4人は翌日の土曜日を休日にして、リフレッシュして帰ってきました。

その話を聞いて、私はがっかりしました。べつに遊んでリフレッシュするのはかまいません。ホテル代や交通費は会社持ちですが、翌日遊んで帰ってきても額は同じですから。

残念だったのは、4人が土曜日に休んだことでした。シフト制なのでルール上はいつ休んでもいいものの、土曜日は平日よりお客様が多くご来店されるため、エリアマネジャーや店長が現場で指揮を執るべきです。私なら翌朝帰ってきて現場に入り、東京で羽を伸ばすのはまた別の機会にしたでしょう。

ただ、そのことで4人を叱ることはありません。何しろ経営計画書には「管理職は原則、土曜日以外に休日をとる」というルールを書いていません。4人はルールを破ったわけではなく、むしろ反省すべきはルール化していなかった私のほうです。

経営計画書はカンサプのルールブック

この反省は、次年度の経営計画書に活かします。経営計画書は毎年つくり直しており、そのたびに中身もバージョンアップしています。管理職の休日についてきちんと明文化しておけば、私も「責任ある立場なのだから土曜日に遊びで休むな」と堂々と言えるようになります。

ちなみに経営計画書を開くと、最初に経営計画書の配布先一覧が掲載されています。全従業員に配るため全従業員の名前も載っていますが、注目はその並びです。順番は年齢や社歴ではなく序列順です。序列順なら「社員が先、パート・アルバイトが後」が一般的かもしれませんが、カンサプは混在です。パート・アルバイトも役職に就いている人が多く、それに応じて社員と区別することなく序列を決めています。

実際、22期の経営計画書では従業員のトップ200人中、25～27位はパートです。社員は51人ですから、約半分の社員はパート3人より序列が下になります。

社員の中には「自分たちが上、パート・アルバイトは下」と考えて上から目線で指示を出そうとする人もいます。しかし、社員もパート・アルバイトも一緒に働く仲間です。違うのは雇用形態だけ。現場では同じことをやるのだから、区別するほうがおかしい。ましてや「社員が上」と考えるのは思い上がりです。そのことを明確に示すためにも、経営計画書の最初のページに全従業員の序列を載せています。

毎日の「環境整備」で心を揃える

カンサプは毎日15分、みんなが仕事をしやすくなるよう職場の環境を整える活動**「環境整備」**を行っています。

すでにご紹介したとおり、具体的には掃除をしたり備品の整理整頓を行います。そして月に一回「環境整備点検」を行い、私が全店舗を回り、チェック表にもとづいて評価をします。規定の点数に達しなかった項目については、2日以内に改善して、写真を撮って送ることがルールです。逆に高得点を取った店舗にはご褒美として、飲みニケーション代を一人につき３０００円支給しています。

なぜこれが社員教育なのかというと、物を揃えることでみんなの心も揃ってくるからです。15年前くらいのカンサプはまだ会社の規模が小さく、私が各店舗の隅々まで気を配ることができました。しかし、店舗や従業員が増えてくるにつれてそれが難しくなり、幹部やエリアマネジャーに権限委譲して間接的にマネジメントせざるを得なくなりました。

組織階層化は会社が個人商店の延長から脱却した証ですから、喜ばしいことです。しかし、組織が大きくなったがゆえに、会社として何か新しいことを始めても、それが末端に浸透するまで時間がかかるという弊害も起きるようになりました。

これを改善するには、みんなが同じ方向を向いている状況をつくることが大切です。たとえば進路を左に30度変えて進むと決めたとしましょう。みんなが同じ進行方向を向いていれば、「左に30度曲がります」とすぐ理解できるでしょう。しかし、右を向いている人もいれば左を向いている人もいるという状況で同じ指示を出せば、混乱が広がるだけ。組織としてスピーディーに動くためには、まず心を揃えておく必要があります。

環境整備は組織力強化に最適なツール

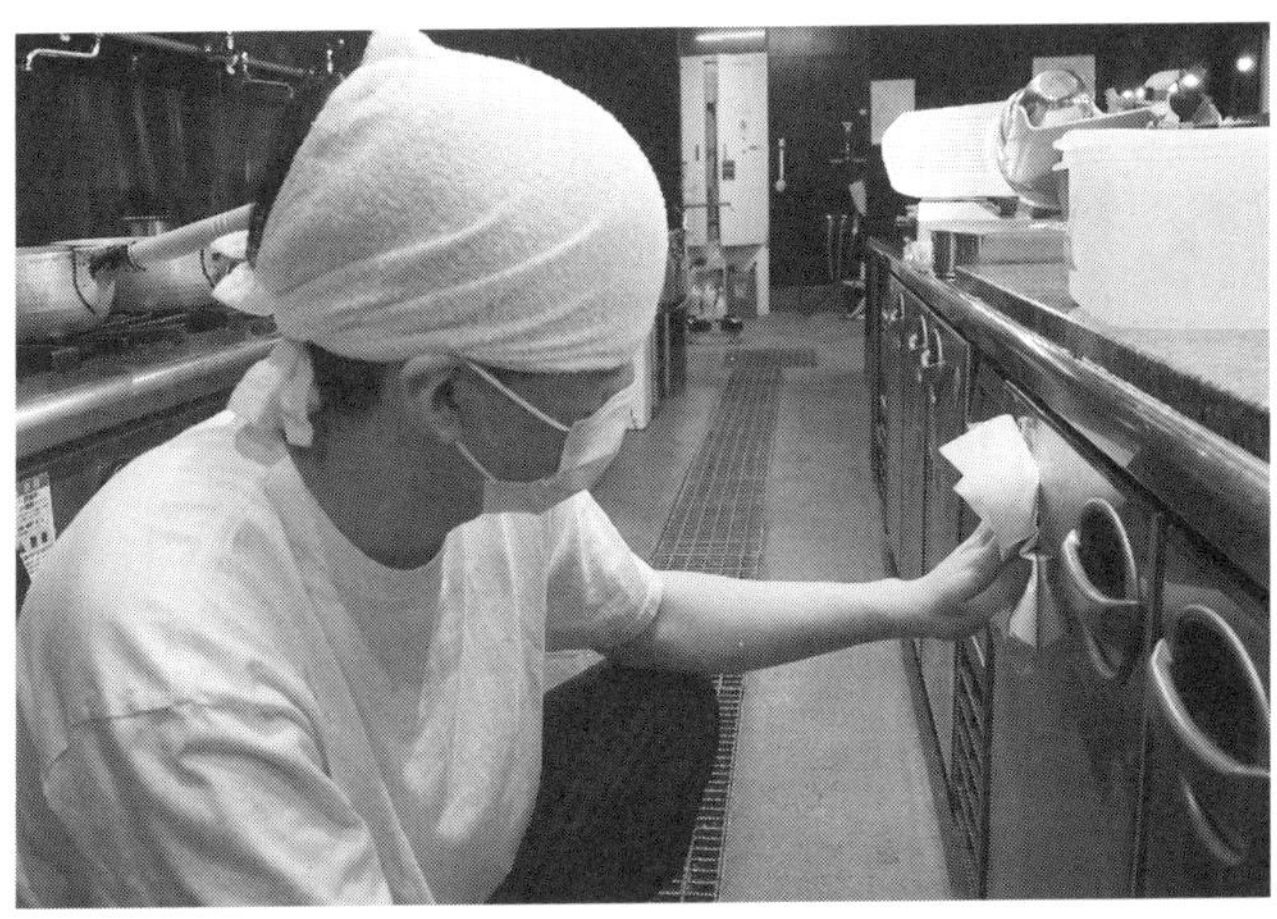

ただ、心は見えないものなので、「みんなで揃えよう」といっても簡単にできるものではありません。そこでまず目に見える物を揃えるところから始めて、それに寄せる形で心を揃えていくのです。武道や華道、茶道など「道」がつくものが最初に形を覚えてそこに心を注入していくのと同じ。環境整備は、いわば「仕事道」です。

カンサプが環境整備を導入したのは２０１９年です。まだ環境整備を組織力強化のツールとして十分に使いこなしているとは言えない状態ですが、導入前より方針変更などの指示が届きやすく、組織としてスピーディーな動きができるようになりつつあります。

従業員の負担は増すため、最初は反発する人もいました。正直にいうと、今も全員が腹落ちしているかどうかは疑問です。

ただ、確実に慣れてはきています。これまでＱＳＣＡのチェックシートは独自のフォーマットでやっていましたが、環境整備点検と同じフォーマットに統一しました。仕組みを変えると混乱が起きるのが常ですが、環境整備が定着してきたので、「統一さ

れてわかりやすくなった」という声のほうが多かった。今後も定着に向けて取り組んでいきます

ちなみに環境整備点検は、私の他、環境整備の推進責任者、点検する地区のエリアマネジャー、そして店長やパート・アルバイトさんなどの同行者２人、計５人で店舗を回ります。店舗は離れているので自動車で移動です。

実はこの移動中も貴重な教育の機会になっています。移動中は私への質問タイムで、同行者が順番に私に業務や経営に関する質問をします。質問しなければいけないと思うと普段から問題意識が芽生えます。また、他の人の質問を聞けば、「他の店舗ではそんな意識でやっているのか」と参考になる。もちろん私も出し惜しみせず答えますから、私の回答自体も勉強になるはずです。

また、店長やパート・アルバイトさんたち同行者には、店舗の課題や日頃考えていることを10分間、報告してもらいます。タイマーを使って、きっちり10分です。

やってもらえばわかりますが、10分は相当長い。たいていは用意してきた話が尽き

て、途中からアドリブで頭に浮かんだことを話し始めます。用意してきた話はよそいきですが、切羽詰まって絞り出した話は本音が混じっています。これは私にとって従業員の本音を知る貴重な機会になっています。

なかには報告することが何もなく、自分の半生について語り始める人もいます。趣旨が違っていますが、それはそれで従業員を一人の人間として理解できるのでおもしろい。大切なのは、報告の中身より話すという行為そのもの。ズレた内容でも、それで評価を下げることはありません。安心して思いのたけを話してもらいたいと思います。

朝礼は理念浸透とトレーニングの場

カンサプではその他にもさまざまな社員教育の場を設けています。一つひとつ簡単に紹介していきましょう。

【朝礼】

月一回の環境整備点検は環境整備を浸透させる仕組み

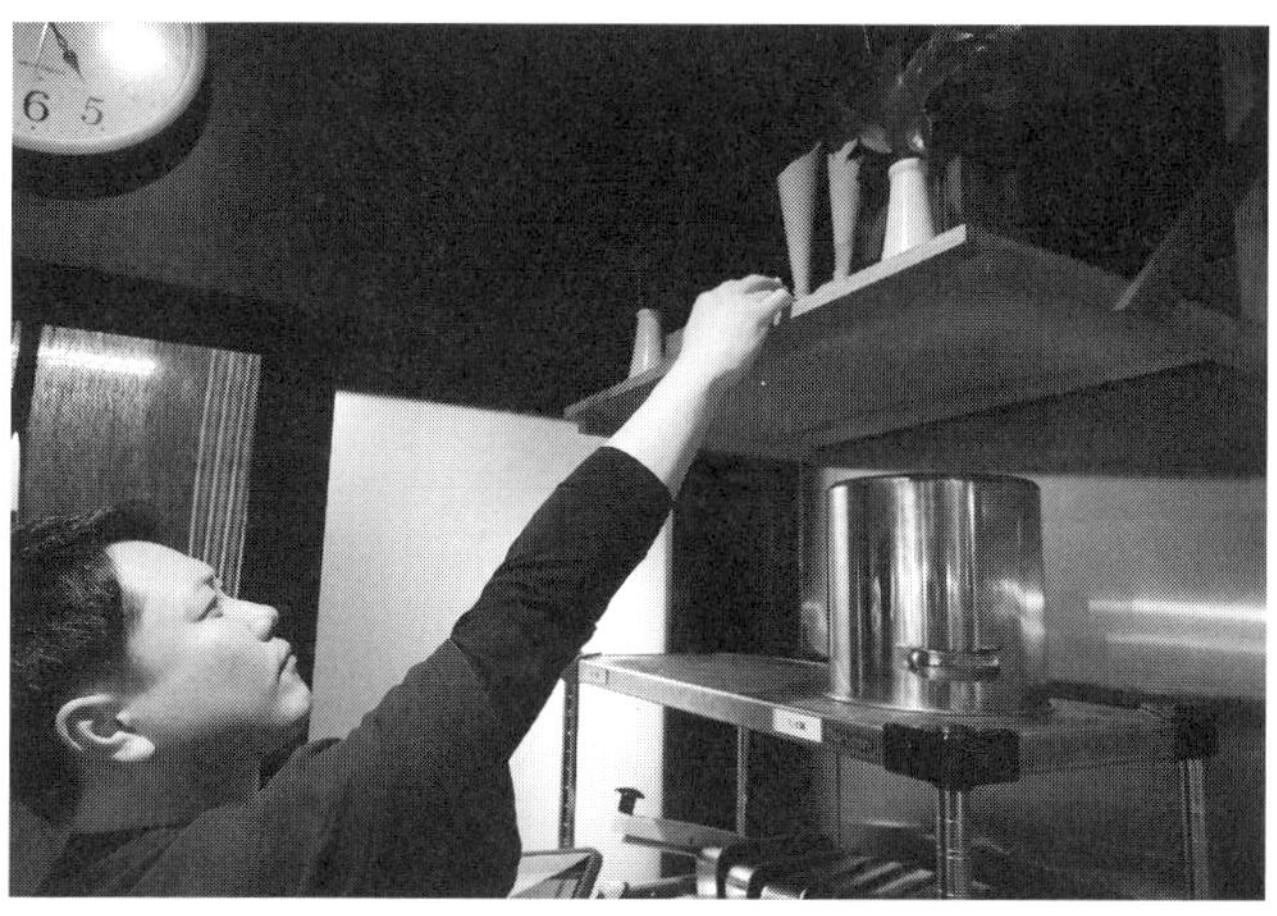

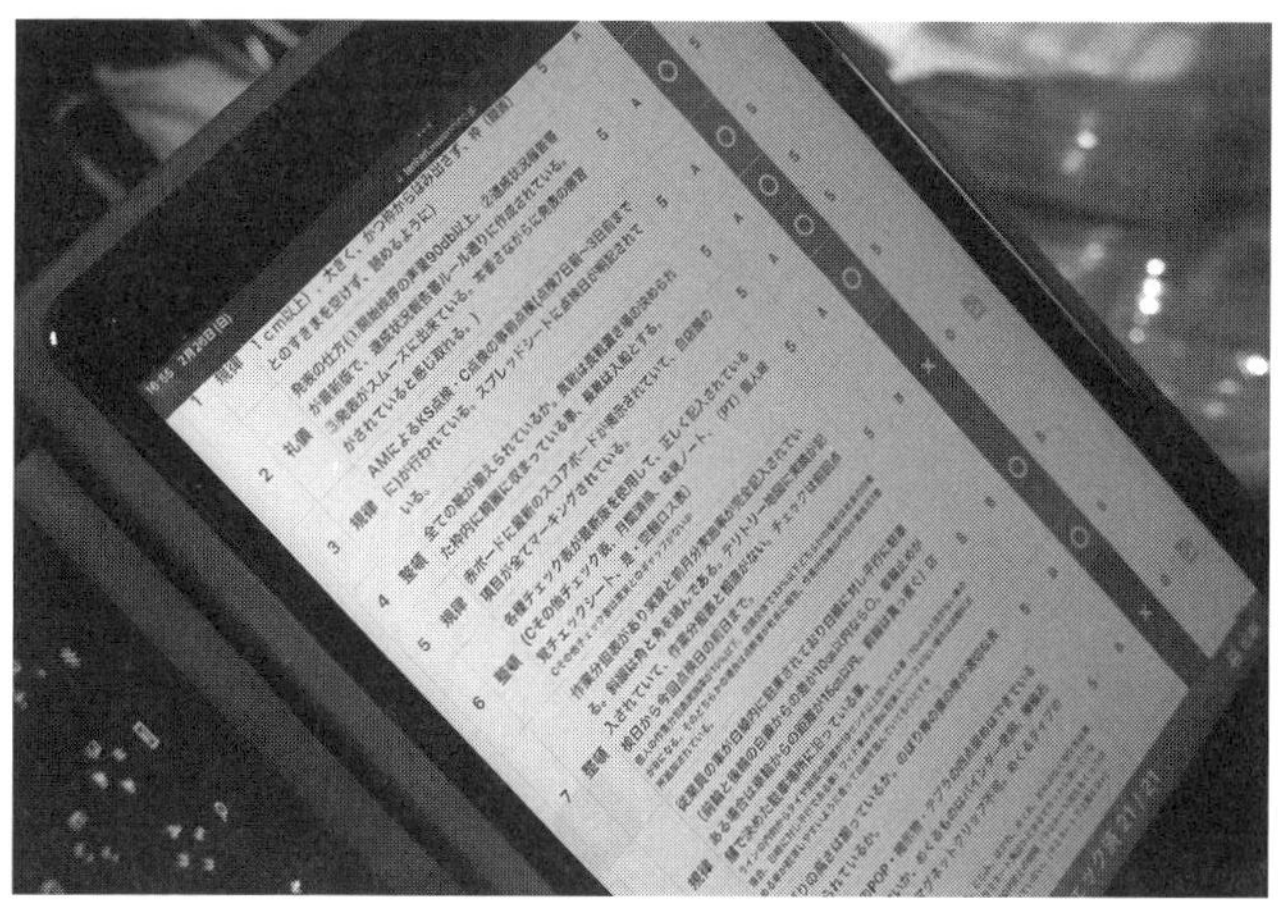

朝礼ではまず身だしなみをチェックして、経営理念、クレド、そして各種方針の中から一つを選んで読み上げます。最後は123ページで紹介した声出し訓練で締め、エンジンを温めた状態でお客様を迎えます。

クレドは「信条」のことで、接客レベルの高さで有名なリッツ・カールトンが採用していることで日本でも広まりました。

いいものは積極的に取り入れたいので、カンサプも16の信条をつくり、毎日一つ、順番に読み合わせを行っています。

クレドの読み合わせは、単に文章を声に出して読むだけではありません。クレドは信条ですから、マニュアルよりは抽象的です。そこで具体的にどのように実践しているかをその場で話し合ってもらいます。

たとえばクレドの13番にはこうあります。

「マニュアル、決まりとは満点の解答を示したものではなく、最低限を決めたものです。マニュアルを超えたおもてなしを実現しましょう。また、本当に相手のためになるのであれば、決まりを超えてもかまいません」

朝礼はクレドの実践例を共有する場でもある

これを読んだ後に、「お子さん連れで、お母様がおめかし。入学式だろうと思って声をかけ、お祝いにお子さんにトッピングをサービスした」「お客様が箸を取るために席を立とうとしていたので、手が届くように箸箱を傾けた」というように実践例を一人ひとり話していきます。

信条を読むだけでは腹落ちしませんが、実践例を話さなければならないとなると普段から意識するようになります。そして読み合わせの機会を毎月続けることで、少しずつ単なるお題目から本物の信条になっていくのです。

【早朝勉強会】

月2回、始業前の8時30分に集まって勉強会を行っています。自由参加ですが、参加するとポイントがついて、ポイントが規定に達するとＡｍａｚｏｎギフト券1万円分と交換できます。

テキストはカンサプの用語集です。普段何気なく使っている経営や接客に関する用語は、本質的にどのような意味なのか。一つひとつ掘り下げて勉強していきます。

早朝勉強会は仕事で使う用語を学び、解釈を揃える

【店長会議】

月1回、店長が数字の報告のために集まります。報告だけならオンラインでもできますが、管理職以上が一堂に会す機会は多くないので、同時に簡単な勉強会を行い、私から経営戦略や最新の状況、店舗マネジメントのポイントなどを解説します。店長は普段現場の仕事に追われていますが、一段高いところから自分の仕事を振り返る貴重な機会になっています。

社外研修で外の世界の「常識」に触れる

カンサプは**社員教育費を年間2000万円**使っています。社員一人当たり40万円（パート・アルバイトさんにも教育をしています）。全国平均は約3万円（産労総合研究所「2022年度（第46回）教育研修費用の実態調査」より）ですから、10倍以上です。お金をかけたからスキルや知識が単純に10倍以上になったり、成長スピードが10倍以上になるわけではないですが、成長しやすい環境にいることはたしかです。

店長会議は管理職教育でもある

特徴は、社内研修だけでなく**社外研修を積極的に活用**している点でしょう。ラーメンチェーンでも、社員が自主的に受けた社外講座に補助金を出すところはあるかもしれません。一方、カンサプは社員を社外研修に派遣して勉強してもらいます。業務なので費用は当然すべて会社負担です。飲食業の中小企業でそこまで積極的にやっているところは珍しいと思います。

社内で研修をやれば費用はかなり抑えられます。教えるのは私をはじめ社内の人間であり、地元でやるので出張費もかかりません。一方、社外研修は受講料や出張費など何かとお金がかかります。年間教育費2000万円も大半は社外研修費です。

なぜ多額の費用をかけてまで社外で勉強してもらうのか。理由は二つあります。

一つは、同じ内容を教えるのでも、外部の講師に教えてもらったほうが説得力があるケースがあるからです。

たとえば「この場面では、こう動いたほうがお客様のためになる」と私が指導したとします。それが表裏のない真実の指導でも、内容によっては「社長が都合のいいように言っているのではないか」「私情が混じっているのではないか」と誤解される場合もあります。誤解を招くのは私の力不足であり、さらに説明力を磨く必要があるでしょう。

ただ、現場は動いており、私の説明力向上を待っていてはお客様が離れていきます。私自身が努力を重ねるのと同時に、外部の力を借りて従業員に理解してもらうことも大切です。そこで社外研修で客観的な立場から同じことを指導してもらうわけです。社外研修の講師は、私より実績があったり専門知識が豊富な方ばかりです。従業員も納得感が高いのではないでしょうか。

もう一つの理由は、カンサプでは教えられないことに触れてもらうためです。社外研修の一つに、他社の**ベンチマーキング**があります。ベンチマーキングとは、他社のオフィスや工場などに見学に行き、優れた点を学ぶことを言います。カンサプの従業員は普段から業務改善の意識を持っていますが、内に閉じこもっていると、発想も現在の延長線上になりがちです。一方、外に目を向けてベンチマーキングすれば、通常であれば思いもしなかった改善をすることも可能です。

　靴のネット販売をしている会社にベンチマーキングに行ったときの話です。大きな倉庫に在庫が積み上がっていたのですが、その会社では通路の奥からもどこに何があるか見えるように、数字とアルファベットで表示された札を看板のように貼ってありました。

　岩本屋や是・空のバックヤードはせいぜい3坪なので、遠くから見てもわかるようにする発想はなかった。しかし、狭いスペースでも見えやすくする工夫をしたほうが業務効率は上がります。さっそくマネしました。

　異業種について比較的勉強している私ですらベンチマーキングに行くと多くの気づきがあります。普段は店舗に詰めている従業員がベンチマーキングに行けば、より多くの刺激を受けるに違いありません。

　とはいえ、漫然と見に行っては効果は半減。気づいたことを30以上書いて、帰社後その中から三つを選び、上長と相談の上タスク化しています。社内の仕組みと組み合わせることで、ベンチマーキングはさらに効果を発揮します。

視野が広がるのはベンチマーキングだけではありません。たとえば**セールス研修**は、飛び込みでスポンジを売る研修で、さまざまな会社の社員が集まって合宿形式で行われます。岩本屋東鯖江店店長の和田美文さんは、セールス研修を受けた感想をこう書いています。

「店舗はお客様をお迎えする営業のしかたをしているので、こちらから商品を提案してお客様の心を動かすことがこれほど難しいとは思いませんでした。飛び込み営業で商品を売るには、お客様に商品より先に自分を売り込むことが必要でした。これを店舗でも活かして、お客様に自分をもっと知っていただこうと思いました」

社内研修ではこのような気づきを得られません。外の世界を見るからこそ、視野が広がりビジネスパーソンとして成長できるのです。

教育でパート・アルバイトも成長する

カンサプでは、パート・アルバイトも教育の対象です。ただし、パートの主婦は家庭、アルバイトの学生は学業が優先です。よって教育は、あえて勧めていないけれど成長意欲のある人は参加できるものと、カンサプで働く以上、受けてもらわなければいけないものの二つに分かれています。

前者の代表は、社外研修や環境整備点検同行です。カンサプでは、パートさんも評価されれば店長代理の役職につきます。店長代理になれば、接客のみならず、店のあらゆることを理解して回していく能力が求められます。社外研修は県外への出張があるため無理してほしくはないのですが、学ぶ意欲を制限するつもりもありません。現に何人ものパートさんがベンチマーキングなどに参加しています。

後者の代表は朝礼でしょう。お客様から見れば、社員であろうとパート・アルバイトであろうと同じカンサプのスタッフです。現場に立つ以上、雇用形態に関係なくお客様に喜んでいただける接客をする必要があり、経営理念の共有やクレドの読み合わせ、発声訓練は欠かせないと考えています。

イレギュラーですが、アルバイトの人たちに**「親への手紙」**を書いてもらったこともありました。お客様に感謝してもらえるようなサービスをしたければ、まずこちらがお客様に感謝する気持ちを持たなければいけません。先義後利で、何事もまずこちらからです。ところが、社会経験がない若い人の中には、今与えられている環境を当然のものだと考え、感謝する気持ちを持っていない人もいます。そこで身近なところから感謝の気持ちを表現してもらおうと考えたわけです。

実際、普段、親御さんに感謝の気持ちを表現していないのでしょう。「お母さん、生んでくれてありがとう」の一行で済ませようとする人もいました。そんな手紙でお母さんの心が動くはずがありません。「本気で書いてほしい」と突き返してやり直しです。何度も書き直しになるのは嫌ですから、彼らも必死です。必死になれば本気で自分と向き合います。最初は言われたから仕方なく書いていた人も、最後には素晴らしい手紙を書いて持ってきました。

あまりに感動的な内容だったので、本人の許可を得て店内にも貼り出しました。すると、それをお客様が読んで涙ぐんでいらっしゃった。お客様を感動させるためにやったことではないのですが、結果的に感動サプライズになったようです。

この手紙とは直接関係ありませんが、親御さんから**「岩本屋でバイトして、娘の言葉遣いがまともになった」「息子が大人になった」**と感謝されることもあります。カンサプに限らないかもしれませんが、サービス業でアルバイトすれば、学校では教わらないようなことも身につきます。学生アルバイトさんには、ぜひこの機会を活かして自分を成長させてもらいたいと思っています。

入社3年で店長として活躍

教育を受けた社員は、その成長に合わせてキャリアアップしていきます。**新入社員（1グループ）**は、約1年で**「時間帯責任者」（1・5グループ）**になります。時間帯責任者は、昼や夜のシフトの班長のようなものです。アルバイトも経験を積めば時間帯責任者になれます。

その上は**「主任」（2グループ）**です。時間帯責任者や主任の条件は、お客様からクレームをいただいたときに一時対応できること。大きなクレームは直ちに上司に報告して対処法を乞う必要がありますが、たとえば「スープがぬるい」など現場で対応できるご指摘なら、時間帯責任者や主任が判断して対応します。

主任として経験を積んだ後は、**「店長代理」（2・5グループ）→「店長」（3グループ）→「SI」（3・5グループ）**です。

SI（スーパーインテンデント）は複数店舗を見る店長です。たとえばSIがA店、B店の2店を担当しているとすると、SIがA店に出勤中はB店に店長が不在になるため、SIの担当店には店長代理を置きます。店舗単位で見ると、店長1人、あるいはSIと店長代理の2人が責任者として在籍する形になります。

店長代理は、ベテランのパートが務めることもあります。一方、社員は店長代理を経験せず、主任からいきなり店長になる場合が少なくない。早い人だと、入社から3年で店長になります。まだ高卒新卒が多いですから、年齢で言えば20代前半で店長です。

店長やSI、店長代理の条件は、QSCAの指導ができること。たとえば「味のバランスが悪い」「さっきの接客はお客様の立場に立ってない」「活気があるのはいいけど、お客様の近くでは声をもう少し抑えて」というように、自信を持って他の店舗メンバーに伝えられる指導力が求められます。もちろん単に指摘するだけでなく、メンバーが改善に意欲的に取り組むようなモチベーションのマネジメトも必要です。

店長やSIは、売上や経費、利益など店舗運営にまつわる数字への理解、そしてそれを管理する能力も欠かせません。実際、同じ店でも店長によって売上は変わります。優秀な店長なら目標の110%、逆に成長途上の店長だと90%くらいになります。アバウトにいうと80%になれば赤字ですから、90%を切るようになると店長失格といえるでしょう（だからといってすぐ更迭になることはありません）。

店長は比較的頻繁に異動します。長い人でも2年経てばどこかの店舗に移します。実は頻繁な異動はパート・アルバイトから「また店長とゼロから関係を築かなければいけない」と不評です。それでも敢行するのは、配置転換が店長の成長につながるからです。

岩本屋と是・空ではオペレーションがまったく異なりますし、同じ岩本屋でも店によってお客様の層や忙しい時間帯が違います。そうした違いを経験しないままだと、自分の狭い体験でしか物事を判断できなくなり、さらに上に行ったときに困ります。教育の一環としての配置転換です。

店長やSIで実績を残せば**「エリアマネジャー」（4グループ）**です。エリアマネジャーは、より経営に近い視点を持って担当エリアをマネジメントします。店長を育成するのもエリアマネジャーの重要な仕事です。

エリアマネジャーではなく、本部で人事や経営戦略室などの業務に就く社員もいます。組織が大きくなると管理部門の重要性が増すため、今後は早めに管理部門に移動になるケースも増えていくでしょう。

エリアマネジャーの上は、**「ゾーンマネジャー」（5グループ）**、**「部長」（6グループ）**になります。現在の幹部は、みんな店舗担当から駆け上がった叩きあげ。カンサプは実力主義で、高学歴でなくても実績を残せば誰でもキャリアアップできます。その意味では現在の幹部は良いロールモデルだと思います。

のれん分けでラーメン店オーナーに

ラーメン店をやる以上、いずれは一国一城の主になりたいと考えている社員もいます。私自身も独立を前提に修業を始めたので、その気持ちはよくわかります。

カンサプでは、独立したいという社員に**のれん分けの仕組み**を用意しています。これまで2010年に入社した竹中孝志さんが、福井地区のエリアマネジャーを経験したのち、岩本屋富山二口店を引き継いで独立しました。のれん分けは、入社6年目。当初は個人事業主でしたが、2年後に法人化して、現在は株式会社ニル・ヴァーナの社長として岩本屋富山二口店を経営しています。

のれん分けをすれば経営は別々ですが、カンサプとは実質的にフランチャイズ契約を結んで、新規ではなく既存店を引き継いでもらうことになります。看板やメニュー、自社製麺の仕入れ、物件の賃貸契約、パート・アルバイトの雇用はそのまま。その他はとくに縛りはなく、自由に経営できます。

営業権の譲渡額は、譲渡前の営業利益24カ月分です。たとえば営業利益１００万円の店舗なら２４００万円。単純に考えると、2年は利益なしで、3年目から自社の利益になります。その他、加盟金やロイヤリティーをいただきます。

これまで竹中さん以外にものれん分けを希望した店長はいました。

ただし、きちんと利益が出る店舗でないとのれん分けはさせられません。利益が出なくて店舗を閉めるような事態になれば、稼ぎを当てにしていたパート・アルバイトが困るし、岩本屋や是・空のブランドが毀損（きそん）されます。この店長なら独立させても大丈夫と太鼓判を押せる店舗と店長だと私が認めて初めてオーケーを出します。

一方、ゴーサインをもらえなかったり、そもそもゼロから自分で自由に経営したくて、のれん分けではなく完全に独立して店を出した社員が過去に4人います。カンサプとはもう直接の関係はなく、味もまったく違う方向に進化している店もあります。ただ、いまやライバルとはいえ卒業生。厳しい業界で生き抜けるように、ぜひ頑張ってもらいたいと思っています。

経営者としての本音を言えば、優秀な店長ほど残ってカンサプを支えてほしいし、外に出るにしてものれん分けで岩本屋や是・空を盛り立てていってほしい。

しかし、社員の人生は会社のためにあるわけではありません。

私は人生で自分を劇的に成長させる機会が二つあると考えています。独立と結婚です。独立すれば何でも自分の思いどおりになると思うかもしれませんが、自分勝手にやれば人が離れていき、経営は傾きます。結婚も同じで、自分を通そうとすると関係が悪化するでしょう。独立も結婚も、今までの自分を変える絶好の機会です。

その意味で、本気で自分を成長させたい社員が独立を目指すのは仕方がないと考えていますし、経営者として損得を超えて、できるかぎり応援するつもりです。

ちなみに独立ではなく、普通に他社に転職して、またカンサプに戻ってくる社員もいます。何を隠そう、**現在ナンバーツーの前田知也さんは1グループ時代に一度退職して、しばらくのちに「やはり岩本屋で働きたい」と戻ってきた社員です。**隣の芝が青く見えて転職したものの、いざ外の世界を知ると、カンサプの芝のほうが青かったというわけです。

私は彼の復職を歓迎しました。戻ってくるのはカンサプが魅力的な職場になった証拠ですから、むしろうれしい気持ちのほうが強かったです。

出戻りだから冷や飯を食わせることもありません。1グループから再スタートしてもらいますが、いったん退社したことをマイナスに評価するわけではないので、力があれば他の社員と同じように昇進します。前田さんが今やナンバーツーに上りつめたことからも、出戻りがハンデにならないことはわかっていただけるでしょう。

従業員がずっとカンサプで働き続けたいと思う会社づくりをすることは、経営者としての私の使命です。ただ、現在はキャリアが多様化して、一つの会社で勤め上げる以外の道を選ぶ人も珍しくなくなりました。カンサプは多様なキャリア観を持つ人も含めて従業員の人生を応援します。

これも一種の先義後利です。**従業員の人生を応援することが、ゆくゆくはカンサプの利益となって返ってくる**と信じています。

人事評価の明確化で、社長が従業員の応援団に

従業員の昇進は、私と4グループ以上の責任者が協議の上、最終的には私が総合判断して決定します。

判断の材料として活用しているのが半期ごとの評価です。評価は、4グループまでは同じグループ内での相対評価です。たとえば店長なら、各店舗の店長と比べて**上位5％がS評価、次の20％に入ればA評価、真ん中の55％がB評価、下位15％と5％がC・D評価**です。5グループ以上は絶対評価で、基準を満たせば全員がA評価、逆に全員がC評価という可能性もあります。

この評価は昇進の判断材料になるだけでなく、賞与に直結します。たとえば店長なら、もっとも多いB評価を200とすると、S評価400、A評価280、C評価140、D評価100というように賞与額を調整します。同じ店長という役職でも、評価によって最大4倍の差がつきます。

毎月の給料は生活の安定のためゾーン制で大きな変動が起きないように工夫していますが、賞与は成果主義で、高い評価を取った人を優遇します。やる気のある社員には働きがいのある仕組みです。

ただ、人によって差がつくとなると、評価の決め方には細心の注意が必要です。

実は以前は明確な評価基準がなく、私の主観で決めていました。私としては公平に評価していたつもりですが、ルールが明確化されていなかったがゆえに不満も多かった。面と向かって不満をぶつけられたことはありませんが、従業員アンケートに「社長はあの人をひいきにしている」「自分は正当に評価されていない」と書く社員もいて、評価の難しさを感じていました。

人事評価の改革に取り組んだのは2年前からです。昇進や賞与の仕組みを明確にしただけでなく、**評価シートを導入して評価も明確化**しました。具体的には、評価項目をつくって、それぞれに配点。合計点数によって評価を決めます。評価に客観性を持たせるため、本人と上長、そして私の計3人の同席で評価面談を行い、すり合わせしながら評価を決定します（2・5グループ以下は私ではなく前田部長が同席）。

評価ルールが明確になったことで、評価に対する従業員の納得感は高まりました。実は私が主観的につけていた評価と、現在のルールに基づいた評価は、たいして変わりません。私から見て評価が低い人は、やはりルールに基づいた仕組みでも評価が低い。しかし、評価のプロセスが明らかになったことで、同じ評価でも素直に受け入れられるようになったようです。

私の心持ちも変わりました。昔は自分の責任の重さに耐えかねて、評価面談のたびに胃が痛くなっていました。もちろん今も責任は重大ですが、評価はルールに則って半自動的にやればいいので気が楽になりました。

これまで私と従業員は評価者と被評価者という関係でした。しかし今は**評価ルールが評価者の役割を担い、私は従業員と同じ側に立って寄り添う**ことができます。これは従業員にとっても大きい。

たとえばA評価に2点足りない社員がいたら、

「惜しかったなあ」

と一緒に悔しがり、

ルールが明確だから評価結果を素直に受け入れられる

「どこを頑張ればあと2点上がると思う？　次の期はそこを頑張ろう」と未来に向かって建設的な話ができます。社長や上長がいわば応援団となって、従業員の成長を促せるようになったのです。

すべての従業員に教育機会があり、いつまでも下積みではなくいち早く現場で力を発揮するチャンスがあり、明確なルールに基づいて評価され、高い評価を取った人は昇進したり賞与で報いてもらえる——。

こうした環境が整ったことで、カンサプは働きがいのある職場へと進化しました。とはいえ、改革はまだ途中です。従業員が「ここで働けば自分は成長できる」「成長したぶんだけ評価してもらえる」と心から思える会社にするために、今後も仕組みをブラッシュアップしていくつもりです。

第5章
感動サプライズの輪を広げるために

コロナで売上半減。危機をどう乗り越えたか

2020年、新型コロナウイルス感染症が日本を含む世界中でまん延しました。普段はのどかな北陸地方も例外ではありません。4月には全国に緊急事態宣言が出て、岩本屋と是・空は県の自粛要請に従って営業時間を短縮しました。

4月の売上は前年同月と比べて49・6%になりました。営業時間は半分になっていないものの、お客様が外食を必要最小限にしたことが響いて、売上は一気に半減です。利益はもっとひどい有様でした。営業しなくても家賃や人件費はかかります。営業利益は4月だけで3000万円の赤字になりました。

普通なら、倒産の不安で夜眠れなくなるような事態です。しかし、私はいつもと変わらず熟睡できました。それはなぜか。税理士を呼んでシミュレーションしたところ、仮に**3000万円の赤字が続いても26カ月、会社がもつ**ことがわかったからです。

新型コロナウイルスの感染がどこまで広がるのか、素人の私には見当がつきません。

ただ、1〜2年あればワクチンができるという報道があり、この状況が続くのは長くても2年だと思いました。その期間を乗り越えられるだけの財務的な体力があることがわかり、浮足立たずに済んだのです。

もちろん受け身でコロナ禍が終わるのを待っているつもりはありませんでした。経営を安定させるために、従業員に状況を説明して冬の賞与を一度カットしました。このカットは、私の借りです。将来、経常利益が2期連続で1億円を突破したら、このときカットした額を通常の賞与に上乗せすることを約束しました。

営業時間を短縮したことで時間ができたため、コストダウンの工夫もしました。目をつけたのはスープの量です。ラーメン店の多くは、スープの量を300cc前後に設定しています。しかし、私はスープをたっぷり味わってもらいたいという気持ちが強く、これまで400ccで提供していました。ラーメン店経営のコンサルタントに多すぎると指摘されたときも、そこは譲らなかったくらいです。

しかし、私のこだわりをよそに、スープを残すお客様は少なくありませんでした。味には自信がありますが、やはり人によって飲み切れないほどの量だったようです。

ちょうど良い機会だと思い、スープを標準の300ccに設定し直しました。実はラーメン丼の内側には、スープを適量注ぐための印がつけられています。コロナ禍で空いた時間を利用して、すべての丼の印を400ccから300ccへとつけ直しました。

その後、緊急事態宣言が解除され、客足は少しずつ戻ってきました。それでも売上が前年同月と比べて下回る月が続き、20期は15期ぶりの減収になったものの、最終的に**1000万円の黒字で決算**できました。

もし賞与カットとスープの工夫をしていなかったら、赤字決算でした。赤字でも生き延びる財務的な体力はあったとはいえ、黒字で終わることができてホッとしたことを覚えています。

コロナ禍でも落ち着いて対応できた理由を一つにまとめるとしたら、それは**カンサプがラーメン職人の集団から完全に脱却して、会社として経営力や組織力を高めてきたことに尽きる**と思います。もし私がラーメン店店主の延長で経営していたら財務的な手当てはできていなかったでしょうし、賞与カットも社長の気まぐれだと思われて不平不満の嵐だったでしょう。

カンサプが成長を続けるためには、QSCAのレベルや従業員満足度を高めることに加えて、経営力や組織力の向上が欠かせません。平たく言えば、本部の機能を強化して店舗をバックアップする体制を整えることが大事です。今回のコロナ禍も、経営力や組織力の強化を進めていたタイミングだったからこそ乗り越えられたのです。

この章では、カンサプが会社としてスケールアップするためにどのようなことに取り組み、将来どのような会社になろうとしているかをご紹介します。店舗から見えない部分でも着実に進化していることをお伝えできたらと思います。

飛躍に必要な「経営力」と「組織力」

ラーメン職人から経営者へ――。その意識が芽生えたのは、すでに述べたように岩本屋の2号店を出したあたりでした。現場に立つことを控えて経営者として全体を俯瞰する意識ができたことで多店舗展開ができるようになり、それに伴いカンサプも成長していきました。

しかし、曲がり角は突然やってきます。２０１６年、経常収支がいきなり悪化したのです。

店舗から見える風景はとくに変わりありませんでした。引き続き多くのお客様に愛されていたし、従業員も素晴らしい接客をしてくれていました。その証拠に売上は伸びていて、12億円目前でした。

ところが前年は６０００万円あった経常利益が一気に９００万円に減りました。毎年1〜2店の出店ペースは変えておらず、急に無茶な設備投資をしたわけではありません。それまでと何もやり方を変えていないのに、利益だけが急減したのでした。

店舗から見える風景は変わらず、大きく増えた経費もないとなると、原因として考えられるのはもっとベースの部分、つまり**経営力や組織力**です。

当時、カンサプの店舗数は、岩本屋と是・空合わせてすでに20店舗を超えていました。自分では全体をマネジメントできているつもりでしたが、組織が大きくなるにつれて目が行き届かなくなり、会社として非効率な状態に陥っていたのではないか。いくら考えても、減益の理由はそれしか思い当たりませんでした。

どうすれば経営力や組織力を強化できるのか。

私の原点は、東京のおいしいラーメンを地元のみんなに食べてもらうことでした。社長になりたいという夢はぼんやり描いていたものの、体系立てて経営を学んだことはありません。

そこが弱点という自覚はあったので、チェーン店化して以降は積極的にセミナーへ足を運んで経営の勉強をしてきました。単発で受講するだけでなく、ラーメンに特化したコンサルタントに入ってもらったり、チェーンストア理論で有名な勉強会に参加したりして、自分に足りないところを補っていきました。北陸三県に店舗網を広げることができたのは、そこで学んだ成果だと思っています。

ただ、学んだことが通用したのは20店舗まででした。本来、チェーンストア理論は何店舗に拡大しようと通用するはずです。たしかに理論はそうなのでしょう。しかし、コンサルタントの方に会社経営の経験がなく、机上の空論に感じる場面もありました。
理論を現場で運用するときには、理論に加え、生きた知恵が必要です。両方を学べる機会はないかと悩んでいたときに見つけたのが、中小企業のコンサルティングを展開する**「武蔵野」**です。

武蔵野の本業は、ダスキンのフランチャイズ事業です。同社がコンサルティング事業で指導する内容は、すべて現場で実践して成果を出したものという触れ込みでした。本当ならば一見の価値があると思って、同社の現地見学会に参加しました。

実際に見て驚いたのは組織力です。当時、武蔵野の従業員数は３００人を超えていたと思いますが、会社の方針が隅々まで行き渡っていて乱れがなかった。しかもみんなイキイキと働いていて表情が明るい。

ぜひその秘密を知りたいと思って、それ以降、同社の研修を利用するようになりました。今取り組んでいる環境整備や経営計画書などの仕組みは、武蔵野から学んだもの。これらの仕組みが組織力の強化に効果を発揮しつつあることは、すでにご紹介したとおりです。

組織力は、昨日学んで今日強くなるものではありません。しかし、それでも学び始めて経常利益は元に戻りました。組織力強化の効果は、これからさらに期待できるはずです。

銀行から「借りませんか」と言われる会社になった

組織力以上にすぐに効果を実感したのは、経営力のほうです。

岩本屋と是・空は、一店出すのに4000～5000万円の費用がかかります。出店費用は当然、金融機関からの融資に頼らざるを得ません。当時は地元の地銀と信用金庫の2行とおつきあいがありました。

当時の私のスタンスは、「頼らざるを得ません」という表現によくあらわれています。できることなら借金は背負いたくない、無借金こそ優れた経営だと考えていました。

しかし、武蔵野で学んで経営観が変わりました。借金してキャッシュを潤沢に持つのが良い経営で、無借金は悪だと教えられたのです。

実際それが正しいことはコロナ禍で証明されました。当時、カンサプは設備投資の予定がなくても可能なかぎり融資を受けて、**約6億円のキャッシュ**を持っていました。おかげで売上が半減しても26カ月は経営を続けられるとわかり、慌てずにコロナ禍に対応できました。もし以前の経営観——資金調達のニーズが発生してから仕方なく融資を申し込む——のままなら、すぐ自転車操業に陥るか、赤字の垂れ流しを止めるために店舗閉鎖に追い込まれていたでしょう。

問題は、どうやって融資を受けるかです。

それまでは融資の審査が簡単に通らずに苦労していました。最終的に貸してもらえなかったことはないのですが、以前は出店したい土地を見つけて資金調達の必要が生じてから融資を申し込んでいたので、審査を待つ間に競合に物件を押さえられてしまうのではないかと毎回、肝を冷やしていました。普段はできるだけ借金したくないと考えているくせに、いざ借りるとなると早く貸してくれというのだから、経営者は勝手なものですね（笑）。

この状態から脱して、金融機関から融資を受けやすくするのにはどうすればいいのか。

武蔵野で教えてもらったのは、徹底した**透明化と情報開示**です。金融機関に対して、以前は融資を申し込むときに事業計画書を出す他、年に一回、法律で定められた最低限の決算書を見せていただけでした。

現在は金融機関の支店長を毎年期首に行う**経営計画発表会**にお招きしています。経営計画発表会では、一部で会社の今期の計画、長期の構想、経営戦略、方針を説明して、社員表彰なども行います。会は粛々と行われて、厳粛な雰囲気です。来賓の支店長はその様子を見て「社員がよくまとまった、組織力の高い会社」と感じるでしょう。一転、二部は和気あいあいとした懇親会になります。いきなり砕けた雰囲気になり、初参加の支店長はたいていそのギャップに驚かれるようです。

経営計画発表会がカンサプの目指す方向性や社風を知ってもらう機会であるのに対して、カンサプの現在地を知ってもらう機会が銀行訪問です。

銀行訪問は3カ月に1回（年4回）。お付き合いのある金融機関に私が直接足を運んで、最新の数字を月次で説明します。以前は決算が終わった後にその結果を渡していただけですが、今は計画に対してどこまで進捗しているのかという途中経過をほぼリアルタイムで説明しています。金融機関から見てどちらのやり方をする会社にお金を貸したくなるかは、言うまでもないでしょう。

金融機関との付き合い方を変えたことで、信用力が増したのでしょう。金融機関のほうから「資金需要はありませんか。御社なら1億円貸せますよ」と言ってもらえるようになりました。

さらに大きいのは個人保証です。それまでは会社としての借金にも私個人の保証が求められました。しかし、現在は不要。新規の融資だけでなく、過去の融資にさかのぼって個人保証を外してもらえるようになりました。

付き合いのある金融機関の数も増えて、6行になりました。数が少ないとそこに頼らざるを得ませんが、分散することでリスクを回避して、なおかつ良い条件を引き出しやすくなりました。

経営計画発表会第一部で会社の姿勢を見ていただく

経営計画発表会第二部は思い切り楽しむ

現在、融資の合計は11億円に達しました。以前のままなら11億円の借金はストレスになっていたでしょう。しかし、今はたくさん借りられたことがうれしく、前に進む力になっています。この転換ができたことで経営力は格段にパワーアップしたと言えます。

攻めの投資で、目指すは100億円企業

潤沢なキャッシュを持つ効果は、経営を安定させることにつながるだけではありません。

手元にキャッシュがあれば、必要なときに必要なだけ投資ができます。かつてのように、いい立地の物件があるのに金融機関から融資が下りるのに時間がかかり、商機を逃すこともありません。

コロナ禍でいったん足踏みしたものの、今後は出店を加速させる計画です。まずは**北陸地方で50店舗**を目指します。地盤を固めた後は**中京エリアにも展開して、ランチェ**

スター戦略で地域ナンバーワンを目指します。

利益計画は、**5年後に売上37億円、経常利益2・5億円**です。経常利益2・5億円は野心的な目標ですが、けっして無謀だとは思っていません。収益率を高めるための施策もすでに始めています。

現在、カンサプでは福井県鯖江市に**自社の配送センター**の開設準備を進めています。それまでは各店舗が問屋さんから食材や調味料を購入していました。柔軟に対応してくれる問屋さんは心強い存在ですが、中間流通のプロセスが増えるたびにマージンが乗ってコストは上がります。単価だけを考えたらメーカーから直接仕入れるのが一番です。

ただ、メーカーは各店舗に個別配送はしてくれません。従来、個別配送の部分を担ってくれていたのが問屋なわけです。

単価を押さえて個別配送する仕組みが自社の配送センターでした。メーカーから直接かつまとめて買えば、ボリュームディスカウントも効いて安く仕入れられます。在庫や各店舗への配送コストは自社で負担するので、店舗数が少ないとかえってコストがかさみますが、50店舗ならメリットのほうが断然大きい。

このように収益性を高める工夫はいろいろと可能です。店舗が多くなるほど、効率化のインパクトも大きくなります。高い経常利益目標は、けっして夢物語ではないのです。

ここで強調したいのは、配送センターへの設備投資がなぜできたかということです。コロナ禍でも未来に向けて攻めの投資を決断できたのは、**潤沢なキャッシュ**があったからに他なりません。今回開設する配送センターは倉庫としては絶好の立地です。ぼやぼやしていると契約できなかったかもしれませんが、キャッシュがあるおかげで機を逃さずに契約できました。

財務的体力がついたことで、店舗の出店も攻めの姿勢で行えます。

岐阜や愛知の中京エリアでナンバーワンになった後は、関西・東海にも拡大して、**2030年には200店舗、売上100億円企業へ――**。

これが現在、私が描いている青写真です。

さらに愛される会社になるために

描いた青写真を実現するためには、カンサプはこれからも進化を続けていかなければいけません。

そのために私が中長期的に取り組もうとしていることが二つあります。

まず一つは、**従業員に愛される仕組みの強化**です。

今後出店を加速するにあたってネックになるのは人材確保です。サービス業はコロナ禍の前から人手不足が深刻化しています。コロナ禍のピークを超えた今、ふたたび人手不足が表面化して、コロナ禍ではなく人手不足で営業ができないという飲食店も増えてきました。

人手不足は構造的な問題であり、日本の生産人口が増えないかぎり根本的に解消することはありません。オフィスワークのようにＩＴが人手不足を補ってくれる業種もありますが、人がサービスを提供するサービス業はＩＴ化にも限界があります。基本的にはずっと人手不足が続くと言っていいでしょう。

そうした環境の中で成長を続けたければ、従業員が働きたくなる職場をつくることが絶対の条件になります。

ありがたいことにカンサプの従業員満足度は高いレベルで推移しています。しかし、経営者がこれで満足していてはダメです。すでに始まっている人材獲得競争時代を生き抜くために、従業員に愛される仕組みをさらに磨いて、「岩本屋なら働きやすくて無理なく続けられる」「是・空ならやりがいがあって楽しい」と心から思ってもらえる職場にしていくつもりです。

もう一つは、**変化対応力の強化**です。

コロナ禍で、世の中は本当に何が起きるかわからないことを痛感しました。

基本的にラーメンはテイクアウトに向かない料理です。昔は出前をする街の中華料理店もありましたが、ラーメンブームが起きて専門店が定着して以降は、「ラーメンは熱いうちに食べるもの」「出前は麺が伸びる」といった認識が広がりました。私もずっ

とそうした考えでしたが、コロナ禍で常識が変わって、ラーメンにもテイクアウト需要が出てきました。

お客様がテイクアウトを望むなら、それに全力で応えるべきです。

岩本屋と是・空は、まずお客様がご家庭で食べられるように**「冷凍お持ち帰りらーめん」を商品化**。おいしくいただいてもらうために、つくり方の動画をＹｏｕＴｕｂｅで公開しました。

ちなみに「冷凍お持ち帰りらーめん」と、通常の「背脂入豚骨醤油味　らーめん」、二つの商品を店舗で調理して、私がブラインドテストするというＹｏｕＴｕｂｅ企画をやったことがあります。はたして、その結果は……。続きは上のＱＲコードからご覧ください（笑）。

また、店舗で調理したラーメンを駐車場に停めたお車の中で食べていただくテイクアウトも始めました。これなら他のお客様との接触を気にすることなく、プロの腕でつくったアツアツのラーメンを楽しんでいただけます。

もしこれまでの成功体験や常識にこだわっていたら、テイクアウトのサービスは生まれませんでした。変化に対応する柔軟さがあったからこそ、お客様に喜ばれるサービスを継続できたのです。

今後も、コロナ禍に匹敵するような環境変化が起きる可能性は誰にも否定できません。そのとき運が悪かったと嘆いて時が過ぎるのを待つか、それとも変化に積極的に対応してアクションを起こしていくのか。生き残るのは後者でしょう。

変化に対応するといっても、もちろん守るべきものは守り続けます。目先の対応を優先するあまり軸がブレてしまったら、会社として存在する価値はありません。自分たちは、何のためにお客様にラーメンを提供するのか。環境がどのように変わったとしても、その問いに向き合い続けるべきです。

カンサプは2022年10月、従来の「株式会社岩本屋」から**「カンサプ株式会社」**へと社名を変更しました。勘のいい方ならおわかりかもしれませんが、カンサプは「感動サプライズ」の略です。今回の社名変更は、私たちはお客様に感動を届けるサプライズ集団であるということをあらためて示して、自分たち一人ひとりの心に刻むためでした。

店舗数200店、売上100億円への道のりでは、さまざまな困難が待ち構えているでしょう。しかし、それにひるむことなく柔軟に対応し、感動を届けるサプライズ集団であり続ける。そう誓って前に進んでいきたいと思います。

おわりに

2030年の200店舗、100億企業の実現に向けて、私が考えていることを、もう少し具体的に紹介しましょう。

それは、現在の事業をただ続けていくだけでは、この目標を実現することはできない。つまり「新しいこと」に取り組むことで、初めて200店舗、100億企業が現実味を帯びてくる、ということです。

これまでも何度かご紹介しましたが、私が経営について学んでいる「武蔵野」の代表を務める小山昇社長は、常々次のようにおっしゃっています。

「5年で2倍の計画を立てなさい」

これは5年で2倍というストレッチをかけた計画をつくることで、自社の活性化を促す仕組みです。

売上を5年で2倍にするには、毎年115％ずつ、伸ばしていく必要があります。これは「今と同じやり方」をしていては絶対に達成できるものではありません。現状を改善していくだけでは必ず頭打ちになります。すなわち「新しいこと」に取り組む必要があるわけです。

ましてやカンサプは、2022年末時点で売上14億円強。「8年で7倍」ですから、現在の延長線上でビジネスをしていては到底達成できる目標ではないでしょう。

では、「新しいこと」とはどのようなことか。

今、考えているのは次の3つです。

1　新しいブランドの創出

2　新しい業態への進出

3　新しい地域への進出

1は、「背脂入り豚骨醤油味」「つけ麺」に続く**「第3のラーメン」ブランド**の創出です。すでにご紹介したように、カンサプは、かつて「味噌ラーメン」にチャレンジしたもののお客様に支持されず、撤退を余儀なくされた歴史があります。ですが、再び、新しい定番となるラーメンを構想して、チャンスをうかがっています。

2は、いわゆる新規事業です。とはいえ、まったく新しい業界・業態ではなく、同じ**飲食業の中での新業態**です。限定ラーメン開発メンバーが、毎月、さまざまなラーメン店を食べ歩いていると述べました。実は食べ歩いているのは、ラーメンだけではありません。そうした中から、あるアイデアを得ています。

最後は、新しい地域です。中京エリアから関西・東海エリアへという青写真はすでにご紹介しましたが、そことは違う、新しい地域、具体的にはアメリカ、カナダへの出店をイメージしています。すなわち**海外進出**です。

なぜ、アメリカ、カナダか。

岩本屋や是・空には、外国のお客様もよくお見えになります。その方たちの反応を見ていると、アジアの方よりも、欧米の方のほうが、私たちのラーメンにご満足をいただいている様子です。

また、社員旅行でラスベガスに行ったときのこと。社員は4グループに分かれて、交替でやって来るため、私は都合4週間ほど、現地に滞在していました。そして、空いている時間を見つけては、アメリカのラーメンを食べ歩きました。

そこで感じたのは、ニューヨーク、ロサンゼルスあたりは、ラーメン店の数も多く、レベルも高い。ですが、それ以外の都市では、私が食べ歩いた範囲で言えば、岩本屋のラーメンは十分通用するという手応えでした。まずは、さまざまな言語が使われるヨーロッパよりも、アメリカ、カナダへ。コロナ禍でいったん封印していましたが、海外出店についても、本格的に検討をしていくつもりです。

海外進出が易しいものでないことは理解しています。ですが、カンサプの提供するラーメン、そして感動サプライズが海を越え、現地のお客様に喜ばれる――そうした光景を想像するだけで、わくわくしてきます。

それは従業員のみなさんにとっても同様でしょうし、これからカンサプで働いてくれる人たちにも、大きな夢を与えることでしょう。

カンサプのクレドの最後の一文にはこう書かれています。

「世界で一番『すごいお店』、『素敵なお店』を全員で目指し、実現し、永続します」

日本のみならず、世界中の方に愛される会社であり続けるために、これからも私自身が先頭に立って、汗をかいて働いていきます。

ここまでお読みいただき、まことにありがとうございます。本書がみな様にとって、少しでもお役に立ったのなら嬉しく思います。

岩本屋、是・空の近くにお立ち寄りの際は、ぜひ、ご来店ください。圧倒的おもてなしをご提供するべく、みなでお待ちしております。

末筆になりましたが、岩本屋、是・空をご利用くださっているお客様、お取引先のみな様、のれん分け店主のみなさんに心より御礼申し上げます。また、いつもご指導をいただいている株式会社武蔵野の小山昇社長に、深く感謝申し上げます。

最後に、当社を支えてくれている従業員のみなさん、そのご家族のみな様、そして私の家族に心からの感謝を伝えて、本書を終えることにいたします。
ありがとうございます。

KANSAP.INC／カンサプ株式会社　代表取締役社長　岩本修一

著者紹介

岩本修一（いわもと・しゅういち）

カンサプ株式会社代表取締役

福井県出身。1997年、運送会社退職後に訪れた東京で、背脂入りの豚骨醤油ラーメンに出会い、衝撃を受ける。約100軒を食べ歩いた後、東京の有名ラーメン店で修業に励む。1999年、福井へ戻り、福井市内のホームセンター看板下で屋台を始めたところ、またたくまに人気に。2001年、らーめん「岩本屋」福井本店をオープン。以降、北陸三県に出店を続け、現在、つけ麺「是・空」とともに32店舗を展開している。

●カンサプ株式会社
https://iwamotoya.jp/about/
●「岩本屋」「是・空」店舗
https://iwamotoya.jp/locations/

愛（あい）される会社（かいしゃ）のすごい仕組（しく）み　〈検印省略〉

2023年　4　月　28　日　第　1　刷発行

著　者――岩本　修一（いわもと・しゅういち）
発行者――田賀井　弘毅

発行所――株式会社あさ出版
〒171-0022　東京都豊島区南池袋 2-9-9 第一池袋ホワイトビル 6F
電　話　03 (3983) 3225（販売）
　　　　03 (3983) 3227（編集）
F A X　03 (3983) 3226
U R L　http://www.asa21.com/
E-mail　info@asa21.com

印刷・製本　文唱堂印刷株式会社

note　https://note.com/asapublishing/
facebook　http://www.facebook.com/asapublishing
twitter　http://twitter.com/asapublishing

ISBN978-4-86667-490-2 C2034